부모와 교사를 위한

영재 아동의 이해

Sally Yahnke Walker 저

문수백 · 오미형 · 이미연 공역

학지사

The Survival Guide for Parents of Gifted Kids:
How to Understand, Live with, and Stick Up for Your Gifted Child
by Sally Yahnke Walker

역자 서문

흔히 교육을 농사에 비유하곤 한다. 농부가 농사에 성공하기 위해서 농부는 무엇보다 자신이 경작하고 있는 땅의 성질을 우선적으로 파악하고, 파악된 땅의 성질에 맞는 작물의 씨앗을 부려야 그 씨앗이 싹을 틔우고 성장하여 마침내 열매를 맺을 수 있게 된다. 모든 땅에 모든 작물이 싹을 틔우고 열매를 맺을 수 있는 것은 아니다. 그래서 농부는 어떤 작물을 재배할 것인가에 대한 질문에 앞서 자신이 가지고 있는 땅을 면밀히 관찰하고 분석하여 어떤 작물의 씨앗이 자신의 땅에서 잘 성장하고 열매를 맺을 수 있는가를 물어야 한다.

농부와 마찬가지로 교육자로서 교사나 부모는 자신이 가르치고 있는 학생이나 자녀가 어떤 성질의 '인지의 밭'을 타고났는지 정확하게 파악하여야 한다. 교사나 부모는 학습자인 학생이나 자녀에게 지식을 가르칠 수는 없다. 오직 지식이 될 수 있는 정보를 제공할 수 있을 뿐이다. 학습자가 교사나 부모에게서 제공된 정보를 자신의 언어로 이해할 수 있을 때 지식이 되는 것이다. 이처럼 지식은 학습자의 '인지의 밭'에서 이해되는 과정을 통해 싹을 틔우고 성장하게 된다. Cattell과 Horn은 우리가 생존하기 위해서는 현재의 환경과 장차 적응해야 할 환경에 관련된 지식을 많이 습득해야 한다고 말하고 있다. 지식은 우리가 가지고 태어난 '지식 획득 능력' 과 다양한 정보가 제공되는 환경과의 상호작용을 통해 후천적으로 획득된다. 우리는 태어날 때 저마다 다양한 '지식 획득 능력'을 가지고 태어나며, 사람마다 '지식 획득 능력'의 프로파일이 다르기 때문에, 서로 다른 '인지의 밭'을 가지고 태어나는 것이다. 학습자가 지니고 있는 '인지의 밭'에 적합하지 않은 정보는 지식으로 획득되지 않고, 정보로 그대로 남거나 망각된다. 따라서 부모나 교사는 자신의 자녀나 학생이 어떤 종류의 정보를 지식으로 처리할 수 있는 특별한 '인지의 밭'을 가지고 태어났는지 파악할 수 있어야 한다. 학습의 효과는 학습자의 타고난 적성과 접하게 되는 정보가 상호작용할 때 극대화되는 것이다.

이 책은 부모나 교사의 입장에서 아동이 지니고 있는 특별한 능력을 관찰하고 이해하는 데 도움이 될 수 있는 다양한 관점과 정보를 제공해 줄 뿐만 아니라, 학교나 가정에서 특별한 인지 능력을 지닌 영재 아동을 파악하고, 지도하며, 안내할 수 있는 유용한 정보를 제공하고 있다.

이 책의 출판을 기꺼이 맡아 주신 학지사 김진환 사장님께 감사드리며, 더불어 원고를 빈틈없이 다루어 주신 편집부 김선우 선생님께 수고하셨다는 인사와 함께 감사의 말씀을 드린다.

2012년 2월

역자 일동

저자 서문

이 책을 읽기 전에 먼저 다음의 질문에 답해 보기 바란다. 만약 다음에 제시된 물음에 대부분 '예'라고 답한다면 당신은 이 책을 반드시 읽어 보아야 할 사람이다.

- 당신의 아이는 귀찮을 정도로 끊임없이 질문하는가?
- 당신의 아이는 당신이 흔히 잊어버리는 것들을 기억하는가?
- 당신의 아이는 매사에 번뜩이는 새로운 아이디어를 이야기하기를 좋아하는가?
- 당신의 아이는 자신의 나이에 걸맞지 않은 단어를 많이 알고 있는가?
- 당신의 아이는 상황을 이해하고 그에 대해 대답하기 어려운 질문을 하는가?
- 당신의 아이는 또래보다는 어른이나 자신보다 나이 많은 아이들과 어울리기를 좋아하는가?
- 당신의 아이는 엉뚱한 유머감각을 가지고 있는가?
- 당신의 아이는 어떤 과제가 주어지면 자기 나름대로 방법을 찾아 해결하는가? 그리고 자신이 사용한 방법과 절차에 대해 다른 사람들에게 설명하기를 좋아하는가?

- 당신의 아이는 자신의 한계를 넘어서는 무언가를 하려고 하며 끝까지 우기고 꼬치꼬치 따지는가?
- 당신의 아이는 다양한 일에 폭넓은 관심을 가지고 있거나 또는 한 가지 일에만 흥미를 가지고 그 일에 푹 빠져 버리는가?

이 책은 이전에는 있는지도 몰랐던 분야를 아이 때문에 알게 된 부모나 교사, 또래 아이들과 비교해서 특출한 지능을 보이거나 재능이 있는 자녀를 둔 부모를 위한 책이다. 자녀가 영재 판별을 위한 검사를 받았을 수도 있고 그렇지 않았을 수도 있을 것이며, 영재로 판별받았을 수도 있고 그렇지 않았을 수도 있을 것이다. 그러나 자녀가 정식으로 영재로 판별되지는 않았지만, 또래의 다른 아이들과 달리 평범하지 않다는 것을 알고 있는 부모나 자신이 아이를 위해 무엇을 해야 하는지, 아이를 양육하는 일이 왜 그렇게 지치고 힘이 드는지, 왜 그렇게 자랑스럽고 뿌듯한지와 같은 의문이 생기는 부모에게 이 책이 많은 도움이 될 수 있다.

어느 누구도 영재아를 키우는 것이 어려울 것이라고 말해 준 적은 없지만, 반대로 어느 누구도 영재아를 키우는 것이 쉬울 것이라고 말해 준 적도 없었을 것이다. 영재아를 양육하는 것, 영재아의 부모 역할을 한다는 것은 결코 쉬운 일이 아니며 사람을 지치게 하는, 너무나도 힘든 일이다.

아이에 관해 어떤 어려운 결정을 내려야 할 때 도와줄 사람이 없다는 것을 알게 될 수도 있다. 아이의 조부모나 가까운 친척들이 도와주려고 할 수는 있으나 결국 그들은 당사자가 아니기 때문에 아이로 인해 겪고 있는 모든 것을 이해할 수는 없다. 그들의 조언은 당신의 아이에게는 해당되지 않는다고 생각할 수도 있다. 당신의 아이는 다른 아이들과는 다르다. 아마도 좀 더 집중력이 있으며, 머리가 좋고, 끈기가 있을 것이다. 아무도 이것을 이해하지 못하는 것처럼 보였을 것이다. 이제, 이 책이 당신의 아이를 이해하는 데 도움이 될 것이다. 이 책은 당신의 의문에 답을 줄 수 있고, 필요할 때 찾아볼 수 있는 편리하고 든든한 지원군이 될 것이다.

지난 10년이 넘도록 이 책은 자신의 영재 자녀를 이해하고 양육하는 엄청난 과제에 직면한 부모들에게 도움이 되어 왔다. 이 책에서는 영재교육의 배경과 역사, 영재아의 특징, 영재아에게 필요한 것들을 제시했다. 뿐만 아니라 영재아들의 특별한 요구를 충족시키기 위해 학교에서 해 오던 방식과는 다른 방법을 제시하였다. 구체적인 내용은 다음과 같다.

- 영재아들의 공통적인 특징은 무엇인가?
- 영재아는 어떻게 판별되는가?
- 왜 특정한 수업 장면에서는 영재처럼 보이는 아이가 다른 곳에서는 아닌 것처럼 보일까?
- 영재아에게서 나타날 수 있는 경계해야 할 정신건강과 행동상의 문제에는 어떠한 것이 있으며, 경고신호는 어떻게 알 수 있는가?

- 영재교육 프로그램에는 어떤 유형이 있는가?
- 영재교육을 옹호하고 지원할 수 있는 방법은 무엇인가?

이 책을 통해서 여러분은 자녀교육에 커다란 변화를 가져올 수 있다. 또한 영재교육을 옹호하고 지지하는 방법을 배우게 됨으로써 다른 영재아들을 도울 수도 있으며, 교육제도 안에서 협력하는 방법을 알게 될 것이다.

아이를 양육하는 모든 것은 아이를 지원하는 것과 관련된다. 영재아를 양육하기 위해서는 아이를 지원하고 교육에 참여해야 한다. 이런 과정은 자녀뿐만 아니라 부모 자신에게도 도움이 될 것이다.

CONTENTS

영재아 부모들의 고민

- 어느 누구도 영재아가 가지고 있는 모든 것을 설명할 수는 없다.
- 나는 내 아이가 '영재아'로 불리기를 원하지 않는다.
- 친척들과 다른 부모들이나 교사들은 영재아 부모들이 가지고 있는 특별한 문제를 알지 못한다. 그들은 영재아는 그냥 크는 것으로 생각한다.
- 모든 부모는 자신의 아이가 특별하다고 생각하는 것 같다. 어떤 사람들은 영재아 부모들이 자기 아이만 특별하다는 생각에 도취되어 있거나 아이들을 몰아붙인다고 생각한다.
- 학교는 영재아는 스스로 만들어진다고 생각하기 때문에 영재아를 위한 특별 프로그램은 필요 없다고 생각한다. 그렇다면 왜 내 아이는 학교에서 그렇게 지루해하며 불행하다고 생각할까?
- 사람들은 우리 아이가 모든 것을 다 잘해야 한다고 생각하거나 성인처럼 행동하기를 기대한다.
- 영재아의 부모들은 영재아를 키우는 도전적인 일에 어떠한 도움도 받지 못한다. 아이를 낳는 것과 동시에 모든 것을 알아야 할 의무가 있다고 생각한다.
- 영재아를 양육하는 것은 기진맥진할 만큼 상당히 힘든 일이므로 이를 도와줄 수 있는 방법이 있어야 한다.

이름이 무슨 소용인가?
장미꽃은 다른 이름으로 불러도 똑같이 향기롭다.

윌리엄 셰익스피어(William Shakespeare)

Chapter 1

영재교육의 어제와 오늘

- 오늘날 영재아들은 그들이 필요로 하는 교육을 받고 있는가?
- 우리는 항상 영재성을 가치로운 것으로 생각했는가?

현대사회에서 영재교육의 역할을 전망해 보기 위해서는 그 역사를 탐구하는 것이 한 가지 방법이다. 과거에는 영재성이 어떻게 인식되고 인정받아 왔는지를 이해하고, 종종 영재성을 중요하게 생각하지 않았던 이유를 이해함으로써 오늘날 영재교육이 나아가야 할 방향을 보다 잘 전망할 수 있다.

영재아를 정의한 최초의 주창자 중 한 사람은 플라톤(Platon)이다. 아리스토텔레스(Aristoteles)의 스승인 플라톤은 B.C. 380년경 최초의 대학을 설립했다. 그 시대의 다른 학교와는 달리 플라톤의 아카데미는 수업료가 없었으며, 남아뿐만 아니라 여아도 수업에 참여할 수 있었다. 입학 허가는 그 시대의 일반적인 기준인 가족의 사회적 지위보다 아동의 지적인 능력과 체력에 기초를 두고 이루어졌다.

플라톤은 아동기 초기에 모든 아동을 검사해야 한다고 주장했다. 그의 입장은 영재성이 유전된다는 일반적인 믿음(그 후에도 이러한 믿음은 때때로 표면화되어 왔다)과는 상반되는 것이었다. 현대에 와서는 '선천적 vs. 후천적' 또는 '유전적 vs. 환경적'이라는 용어로 쟁점화되고 있다.

중국에서는 618년 당(唐) 왕조가 시작되면서 영재아를 발굴하고 황실에서 영재들을 교육했다. 최고의 영재성을 가진 아동일지라도 특별한 교수와 훈련을 받지 않으면 계발될 수 없다는 믿음이 있었다. 이를 위한 교육은 모든 사회계층의 영재아들에게 주어졌으며 아동들은 그들의 능력에 따라 다르게 교육되었다.

유럽의 경우, 평민들 가운데 잠재력 있는 아동을 교육하기 위한 최초의 노력 중 하나로 서기 800년 샤를마뉴 서로마 제국 황제가 그들의 교육에 드는 비용을 부담한 데서 그 기원을 찾을 수 있다. 유럽 역사에 있어서 이 시기는 귀족이 아닌 사람은 그 누구도 학교 교육을 전혀 받지 못했으며, 교육과 학습은 종교에 의해 지배당했다. 고전적 학습은 기독교 국가에서는 수도원에 위임되었던 반면 아랍은 순수과학에 흥미를 갖고 천문학과 수학에 관한 연구를 계속하고 있었다. 이 시기 동안 이슬람 사원 학교는 빈부나 성에 따른 차별 없이 학생들이 자유롭게 다닐 수 있었다.

1200년대 말 유럽에서 태동되고, 1500년대 종교개혁 기간 동안 지속된 르네상스 시기에는 예술, 문학 그리고 고대 그리스와 로마 제국의 고전 문화에 대한 새로운 관심이 나타났다. 인쇄기술이 발달되어 책을 쉽게 읽을 수 있게 되면서 교육이 다시 부흥기를 맞이하였다.

유럽인이 북아메리카에 정착하면서 교육적 전통 또한 그들과 함께 옮겨 가게 되었다. 이후 미국 혁명기에 토머스 제퍼슨(Thomas Jefferson)은 잠재력을 가진 젊은이들에게 공적 자금으로 대학 교육을 시켜야 한다고 주창하였다.

영국인 과학자 프랜시스 골턴 경(Sir Francis Galton)은 최초로 지능과 지능검사를 연구한 사람 중 한 명이었다. 그는 사촌인 찰스

다윈(Charles Darwin)의 진화이론과 맥을 같이하여 자연도태(natural selection)를 통한 유전이 지적 능력을 결정하는 주요 인자라고 믿었다. 그의 저서인 『유전적 천재(Hereditary Genius)』(1869)에서 그는 특권 가정의 아동들은 많은 부와 교육 기회를 가짐으로써 재능이 계발된다는 사실에 주시하여 재능이 있는 사람은 우수한 가문에서 세대 간에 걸쳐 나타나는 경향이 있다고 말하였다. 오늘날 우리는 영재성이 유전적인 경향이 있다 하더라도 단순히 유전적 요인에만 기반을 두고 예견할 수 있는 것은 아니라는 사실을 알고 있다. 천재 부모가 평균 지능을 가진 아이를 낳을 수도 있고, 능력이 부족한 부모도 지적으로 우수한 아이를 가질 수도 있다. 아동의 환경 또한 여전히 완전히 알 수는 없지만 중요한 역할을 한다.

미국에서는 공교육이 조직화된 1800년대 중반까지 가정교사에게 교육을 받거나 사립학교를 다닐 만한 여유가 있는 사람들만 대부분 교육을 받을 수 있었다.

1900년대 초에 와서야 미국과 유럽 정부는 지적 능력이 높은 학생들과 낮은 학생들에게 적합한 교육에 관심을 가지기 시작했다. 이와 같은 시기에 프랑스 정부는 인간의 '판단력'이나 '정신적 연령'을 측정하기 위한 검사를 개발한 심리학자 알프레드 비네(Alfred Binet)에게 일반적인 교육과정에서 혜택을 받을 수 없는 아동들과 특별한 수업이 필요한 아동들을 판별해 줄 것을 의뢰하였다.

비네는 지능은 학습되고, 확장되며, 향상될 수 있는, 즉 교육이 가능한 것이라고 믿었다. 비네의 이러한 주장은 오늘날에도 급진적인 것으로 여겨지고 있음에도 불구하고 교육심리학에 있어서 매우 중요한 공헌 중 하나로 손꼽히고 있다.

1916년, 미국 심리학자 루이스 터먼(Lewis Terman)은 비네의 검사를 캘리포니아의 스탠퍼드 대학교에 가져와서 그것을 영어로 번역하고 미국 학생들에게 맞게 표준화하였다. 터먼의 검사는 스탠퍼드-비네(Stanford-Binet) 지능검사로 알려지게 되었다. 흥미로운 사실은 스탠퍼드-비네 지능검사는 지능을 학습되거나 확장되거나 향상될 수 없는, 고정된 것으로 가정하고 있다는 것이다.

터먼은 그의 연구에서 영재아를 판별하기 위한 표준화된 검사를 사용했다. 1920년대에 그는 IQ 140 이상이 되는 아동을 1,500명 이상 찾아냈다. 일반적으로 평균 IQ는 100이지만 터먼의 연구 대상의 평균 IQ는 150이었다. 그는 이 아이들을 유치원부터 고등학교 그리고 30세가 될 때까지 신체적 · 심리학적 · 사회적 · 전문적 영역의 발달에 관한 정보를 추적하였다. 터먼의 제자들은 터먼의 연구 참가자 중 생존자들을 대상으로 종단연구를 수행하고 있다.

터먼은 '영재(gifted)'라는 용어를 최초로 사용하였으며, 그의 연구는 높은 IQ를 가진 사람을 대상으로 한 가장 포괄적이고 장기간에 걸쳐 이루어진 최초의 연구다. 그의 연구 결과는 『천재의 발생학적 연구(Genetic Studies of Genius)』 5권으로 출판되었으며, 고전으로 여겨지고 있다.

영재성에 대한 잘못된 통념

터먼의 연구로 인해 영재성에 관한 많은 잘못된 통념이 사라졌다고 볼 수 있다. 하지만 오늘날 영재성에 관한 근거 없는 신화들이 반쪽의 진실로 남아 있으며, 우리는 아직도 영재성이라는 말에 대해 우려를 갖고 있다.

고대 이후로 천재는 정신적으로 건강하지 못한 사람으로 인식되어 왔으며, 지난 수백 년간 실제로 연구자들도 영재성을 정신적 · 정서적 문제와 관련시키려고 노력해 왔다. 이탈리아 사회학자이자 범죄학자인 체사레 롬브로소(Cesare Lombroso)는 1895년에 출판된 그의 저서 『천재의 광기(Insanity of Genius)』에서 정신이상이나 자살이 천재성과 관계가 있는 것으로 보았다. 그러나 터먼은 정반대의 입장이다. 그의 자료는 영재들은 일반적인 사람들보다 정신적으로 안정적이라는 것을 나타내고 있다. 그들이 경험한 불안정성은 영재성 때문이 아니라 그들이 처했던 환경에 기인된 것으로 보고 있다.

터먼의 견해를 뒷받침해 주는 충분한 증거들이 축적되어 왔다. 심리학자들은 매우 창의적인 사람들이 일반적인 사람들보다 정신의학적 장애를 더 많이 겪고 있는지에 대해 연구하고 있다. 많은 연구를 통해 우울이나 다른 기분장애로 고통받고 있는 유명한 시인, 소설가, 예술가의 비율이 평균보다 높다는 것이 밝혀졌지만,

이러한 결과들은 맥락적인 것을 고려하여 해석되어야 한다. 정신적 문제를 가진 고도로 창의적인 사람은 심각한 정신적 질병이 아니라 상대적으로 가벼운 증상을 가지는 경향이 있다. 항상 창의적인 것에 우선적인 가치를 두지 않는 우리 사회에서 평범하지 않은 창의적인 사람이 된다는 단순한 사실이 심리적 문제를 야기하는 원인이 될 수 있을 것이다. 샌프란시스코의 심리학자이자 『천재음악가의 내면의 목소리(The Inner Voice of Musical Genius)』(19세기 작곡가 로버트 슈만에 관한 책)의 저자인 피터 오스월드(Peter Oswald)는 재능 있고 창의적인 사람들의 생활양식과 그들의 분노, 좌절 및 우울 간에 밀접한 관련성이 있다고 보았다.

영재성과 관련된 또 다른 신화는 '일찍 피고 일찍 진다.'는 것이다. 즉, 영재성은 어린 나이에 소진되어 버린다는 것이다. 몇몇 사람들은 재능을 특별히 많이 타고난 아이들은 일단 그것을 사용해 버리고 나면 끝나 버린다고 생각한다. 만약 그것이 사실이라면 당연히 그 누구도 조숙한 아이를 원하지 않을 것이며, 조기 교육을 독려하지도 않을 것이다. 그러나 터먼은 영재성은 일찍 소진되는 것이 아니라 오히려 영재는 평생을 통해 그들의 능력을 증대시킬 수 있다고 주장했다.

터먼의 연구에서 영재는 고도로 생산적이고, 무척 원만하며, 다른 사람들이 좋아하고, 때로는 지도자로 뽑히는 것으로 나타났다. 그는 또한 영리한 사람은 반드시 왜소하고 안경 쓴 약골(요즘도 여전히 자주 묘사되는 것처럼)이라는 잘못된 믿음을 없애 버렸다. 그와

반대로 그들은 대개 건강하며 신체적으로 잘 발달되어 있다.

비록 터먼의 연구가 영재성에 관해 많은 업적을 이루었으나 완벽한 것은 아니다. 터먼의 연구 대상은 캘리포니아의 중류층 가정의 백인 아동이 압도적으로 많았으며, 상대적으로 유대인 가정의 아동의 수가 더 많았던 반면, 아프리카계 미국인, 라틴계 미국인, 아시아인 아동의 수는 적었다. 그는 또한 사회경제적인 영향에 의한 인성의 차이를 고려하지 못했다.

영재성에 대한 오해

영재아와 관련된 오해는 오늘날에도 여전히 많이 있으며, 그것이 아마도 부모들이 자신의 아이들에게 영재아 꼬리표가 따라붙는 것을 꺼리는 이유일 것이다. 다음은 오늘날 영재아에 대한 몇 가지 대표적인 오해다.

- 영재아들은 누군가가 말해 주지 않으면 자신들이 남들과 다르다는 것을 모를 것이다.
- 영재아들은 특별한 도움 없이도 뭐든지 잘 해낼 수 있다.
- 영재아들은 잘되기 위한 모든 것을 갖추고 있다.
- 영재아들은 더 잘할 수 있기 때문에 실수했을 때는 다른 아이들보다 더 엄하게 벌을 받아야 한다.
- 영재아들이 계속 바쁘게 뭔가 더 어려운 것을 할 수 있도록 해 주어야 한다. 그렇지 않으면 나태해질 것이다.
- 영재아들이 가진 영재성을 그들이 가지고 있는 그 어떤 특성보다 더 가치롭게 평가해야 한다.
- 영재아들은 일상적인 규범에 구속될 필요가 없으며, 일반적인 예의범절에 얽매이지 않아도 된다.
- 영재아들은 학문적, 신체적, 사회적 및 정서적으로 균등하게 발달되어야 한다.

영재교육에 대한 부끄러운 진실

미국에서 영재교육은 갈등적인 공론에 휩싸여 왔다. 한편에서는 모든 아동들은 개인의 잠재적 능력을 최대한 발휘할 수 있도록 허용되고 격려되어야 한다는 입장을 가지고 있으면서 다른 한편에서는 인간은 모두 평등하게 태어났기 때문에 특별한 교육을 받는 어떠한 집단으로 구별되어서는 안 된다는 믿음을 가지고 있다. 그러나 이에 대해 토머스 제퍼슨은 "특별한 사람에게 똑같은 교육을 하는 것만큼 불평등한 것은 없다."라는 매우 설득력 있는 말을 했다.

1941년, 노스웨스턴(Northwestern) 대학교의 폴 위티(Paul Witty)는 미국 교육청에서 실시하는 영재아를 위한 프로그램에 대해 연구했다. 그의 연구는 참담한 사실을 일깨워 줬다. 연구 결과, 전국적으로 2~3%의 학군만이 영재아와 재능 있는 아동을 위한 특별한 교육 서비스를 제공하고 있는 것으로 나타났다. 영재 프로그램을 실시하고 있는 학교와 학교 제도를 살펴본 결과, 행정가들이 영재 프로그램의 실시를 지원하고 있었으며, 이러한 행정가들은 자신의 성공을 위해 영재 프로그램을 하나의 희생양으로 삼고 있는 것으로 나타났다. 유능한 행정 관료들은 자신의 경력을 위해 옮겨 다니는 경향이 있었으며, 이들이 다른 곳으로 이동하고 나면 그가 지원하던 영재 프로그램은 없어져 실제적으로 영재아를 위한 서비스가 제대로 이루어지지 않았다.

1954년, 오하이오 주에서 공립학교에 영재아를 위한 교육과 상담이 반드시 필요하다고 생각하는 부모와 교육자 단체가 '영재아를 위한 전국협의회(National Association for Gifted Children)'를 설립하였으며, 이 민간 조직은 급속히 성장했다.

소비에트 연방공화국이 1957년 스푸트니크호를 쏘아 올렸을 때 많은 미국인들은 국가를 빛낼 학생들을 키워 내기 위해 교육을 개선해야 한다고 생각했다. 이 184파운드(약 83kg)의 공, 즉 소련의 인공위성에 충격을 받은 사람들은 수학과 과학에서 소련을 따라잡는 데 실패한 교육체계를 비난했다. 그 결과 1958년, 미국 국회는 「국가방위교육법(National Defence Education Act)」을 통과시켰다. 이것은 특히 수학과 과학에서 우수한 학생들이 대학에 입학할 수 있도록 장려하는 안내 프로그램이었을 뿐만 아니라, 우수한 가능성을 지닌 학생을 판별할 수 있는 검사 프로그램이었으며, 최초로 공적 자금이 동원된 것이었다.

케네디 대통령은 달에 사람을 보내겠다고 공언하면서 교육적으로 새로운 목표를 이루겠다고 약속했다. 아동들은 국가와 민주주의의 번영을 위해 계발되어야 할 자원으로 인식되었다. 잠재력을 지닌 아동들을 발굴하고, 국가가 그들의 재능을 재발견하고 포장하여 가장 높은 입찰을 제시하는 유명한 회사에 그들의 지적 능력을 팔았다.

1960년대에 미국이 우주 경쟁에서 확실한 우위를 차지함에 따라 영재에 대한 특별한 관심도 점점 사그라졌다. 국가적으로 영재 학생들을 판별하는 데 관심을 기울여야 한다는 것에서 모든 학생들이 그들의 잠재력을 성장 및 계발할 수 있도록 장려해야 한다는 것으로 사회적 관심이 전환되었다. 많은 사람들은 검사 자체에 편견을 가지고 있었기 때문에 영재 학생들을 판별하기 위해 IQ 검사를 사용하는 것이 엘리트주의를 조장한다고 믿게 되었다. 사회적 저항기에는 비민주적인 '특별한 교육'을 없애야 한다는 주장이 제기되었다.

멀랜드 보고서

1970년대에 영재 학생들에 대한 새로운 관심은 특별한 학습 요구를 가진 학부모 대변인들이 주정부나 연방정부와 교섭하고 공립학교가 자신들의 아이들에게 적절한 교육을 제공해야 한다는 법정 소송을 하면서 부각되었다. '개별화 교육(Individualized Education)'은 새로운 표어가 되었다.

이러한 특별한 요구를 가진 '예외적인' 학생을 위한 초기의 입법 기안은 개별화 교육을 실시해야 할 학생의 범주에 영재아와 재능 있는 학생들을 포함시켰다. 이 기안은 의회에서 통과되기 전 기각되었으나 의회는 영재아와 재능 있는 학생을 위한 프로그램을 확대시킬 방안을 연구하기 위해 교육위원을 소환하였다. 이로 인해 교육자들은 그 당시 실시되고 있던 연방 프로그램을 보다 효과적으로 사용할 수 있는 방법을 평가할 수 있었고, 부족한 부분을 보완하기 위해 추천될 만한 새로운 프로그램들을 평가할 수 있었다.

'멀랜드 보고서(Marland Report)'로 잘 알려진 위원들의 보고서는 영재나 재능 있는 아동뿐만 아니라 장애를 가진 학생들을 위한 조기 교육과 치료에도 관심을 불러일으켰다.

다음에 제시된 내용은 '멀랜드 보고서'에서 제시되었던 내용 중 몇 가지이며, 1972년에 미국 교육부가 발표한 것이다.

- 미국에서는 대략 150~250만 명의 아이들이 영재아로 판별된다.
- 이러한 아동들의 단 4%만이 특별 프로그램을 받고 있다.
- 미국 전국 가운데 10개의 주에서만 특별 프로그램을 위한 자금을 지원하고 있다.
- 모든 영재 학생들에게 특별한 프로그램을 제공하는 주는 없다. 특별 프로그램을 실시하고 있는 주에서도 기껏해야 영재 학생의 50%만이 혜택을 받고 있다.
- 단 12개의 대학에서만 영재 학생들을 위한 교사 양성 훈련 프로그램을 실시하고 있었다.
- 조사된 학교 행정관들의 절반 이상이 자신들의 학군에는 영재아가 없다고 보고하였다.
- 거의 대부분의 영재 프로그램이 고등학교 수준에서 실시되고 있었다.
- 학교 상담교사들이 오히려 다른 교직원들보다 영재아들에게 거부감을 보인다.

- 영재를 판별하기 위한 집단 지능검사와 교사의 지목은 절반은 실패한다.
- 영재 프로그램을 실시하기 위해 연방정부의 기금을 사용하는 주는 전체 주의 15%도 되지 않았다.
- 전형적으로 영재아의 절반은 학교에 들어가기 전에 스스로 읽기를 배웠다.
- 미국 전체 주를 대상으로 한 조사에서 학교를 중퇴한 학생의 약 3.4%가 IQ 120 이상인 것으로 나타났다. 남자 영재아보다 두 배가 많은 여자 영재아들이 학교를 중퇴한 것으로 나타났다.

'멀랜드 보고서'에서 알 수 있는 가장 혼란스러운 사실 중 하나는 영재아들의 학교 적응 문제는 대부분 유치원에서 초등학교 4학년 사이에 발생되기 때문에 영재아들의 절반 정도가 열 살쯤에 '정신적 낙오자(mental dropouts)'가 된다는 것이다.

'멀랜드 보고서'의 영향으로 의회는 미국 교육청(U.S. Office of Education) 내에 영재아를 위한 부서를 새로 만들었다. 그리고 주정부와 지역단체에 보조금을 지원했을 뿐만 아니라 1974년에 영재교육을 위한 연구와 프로젝트의 개발을 지원하기 위해 256만 달러의 기금을 지원했다.

'멀랜드 보고서'가 영재 학생의 수를 추정한 것이 정확했다면 한 영재 학생당 약 1달러 정도의 지원을 받았을 것이다. 그러나 1981년경에는 영재아를 위한 프로젝트 기금이 19개의 다른 프로젝트를 위한 기금과 합쳐져 주정부가 그들의 선택에 따라 자금을 운용할 수 있는 정액 교부금(block grant)이 됨으로써 이러한 노력조차도 빛이 바래졌다.

1980년대에는 이에 대한 대응으로 미국 영재교육연합회(National Association for Gifted Children)와 같은 시민 영재교육 옹호단체들이 대중운동으로서 영재교육을 주창하기 시작했다. 리차드슨 재단이 1985년에 영재 프로그램을 실시하고 있는 학교를 조사했던 결과가 미국 영재교육연합회에 도움이 되었다. 조사에 응한 응답자들은 영재아를 위해 다양한 경험을 제공했다고 말했지만 실질적으로 프로그램은 영재아에게 도움이 되지 않았다. 연구에 따르면 영재교육은 와해되는 상황이었다. 특정 학년에 영재반이 있었다 하더라도 그다음 학년에서는 그 반이 없어지는 경우도 있었다. 때때로 교사들은 학생들에게 필요한 것이 아니라 교사 자신들이 관심을 가지고 있는 것을 가르치기도 했다. 영재교육은 절대적으로 필요한 것, 실제적 본질이라기보다는 케이크 위의 과자와 같은, 단지 부가적인 교육적 선택으로 여겨졌다.

영재아를 대신한 영재교육 옹호자들의 노력은 의회가 「제이콥 제이비츠 영재교육법(Jacob Javits Gifted and Talented Students Act)」을 통과시킨 1988년에 결실을 맺었다. 의회가 능력이 매우 뛰어난 학생들의 요구를 공식적으로 인정하고 교육부에 소속된 부서에 위임한 것은 처음이었다. 이 법률은 현재의 교육적 실제가 영재 학생과 재능 있는 학생에게 어떠한 영향을 미치는가를 입증할 연구가 필요하다는 것에 기초를 두고 제정되었다.

1990년에 미국 교육부는 이른바 제이비츠법안에 기초하여 영재아와 재능있는 아동을 위한 새로운 국가조사위원회(NRC)를 설립하기 위해 스토스(Storrs)에 있는 코네티컷(Connecticut) 대학교에 750만 달러를 지원하였다. 국가조사위원회는 새로운 영재 학생의 판별법과 교수법을 개발하였으며, 학부모와 교육자 그리고 정책입안자들에게 정보를 제공하였다.

제이비츠법안의 또 다른 주요한 결실은 연방 보고서 「국가적 수월성: 미국 인재개발 보고서(National Excellence: A Case for Developing America's Talent)」다. 국가적인 차원에서는 20년 만에 처음인 이 보고서는 1993년 교육부가 발표한 가장 인기 있는 보고서였다. 그것은 영재아들에게 실시되고 있는 프로그램의 형편없는 실태와 영재교육의 필요성에 대해 보고한 웅변적 형태의 성명서였다. 이 보고서는 국가가 글로벌 경쟁 시대에 국가적 경쟁력 제고를 가능하게 하는 잠재력을 가진 약 300만 명에 달하는 영재아들을 교육시켜야 한다는 것을 강조했다. 이 보고서에서는 영재 학생을 위한 미국 교육의 방법상 문제에 관해서 언급하고 있다. 예를 들면, 다음과 같은 것들이다.

- 다른 산업 국가들의 우수 학생들과 비교해 볼 때, 미국 학생들은 국제적인 테스트(international test)에서 성적이 낮고, 교육과정의 난이도가 낮으며, 읽기가 요구되는 책의 수도 적으며, 숙

제도 적고, 직업이나 중등과정 이후의 교육을 위한 준비가 잘 되어 있지 않다.

- 전미 교육평가(National Assessment of Educational Progress: NAEP)에서 최상의 수준을 나타내는 학생들이 부족하다. 이 시험은 미국 학생들의 성취 수준을 알아볼 수 있는 몇 안 되는 유용한 지표 중의 하나다.

미국 사회가 학생들에게 던지는 부적절한 메시지는 학문적 수월성이 아니라 학문적 적절성이 목표라는 것이다. 이 보고서에서는 교육 검사 서비스(Eucational Testing Service: ETS)의 회장인 그레고리 안리그(Gregory Anrig)의 말을 인용한다. 그는 우리가 학생들에게 혼합 메시지를 주고 있다고 설명한다. “미국에서는 종종 똑똑한 학생들을 얼간이, 겁쟁이, 예전에는 샌님이라고 하는 등 비하하는 이름을 붙여 웃음거리로 만들었다. 우리는 영리한 사람에 대해 모순되는 감정을 가지고 있다. 우리의 문화는 머리보다는 미와 체력을 훨씬 더 가치 있게 여기는 것 같으면서 아이들에게는 열심히 공부해야 한다고 강조한다. 이것은 모순된 것이다.”

학문적으로 뛰어난 것을 무시하는 또래의 압력은 특히 힘든 일이 될 수 있다. 다양한 배경을 가진 청소년들 사이에서는 더욱 그렇다. 그들은 때로는 학문적으로 뛰어난 것을 주류 문화의 가치를 따르는 것으로 생각하여 청소년 자신들의 문화를 버리는 것으로 간주하고 비난하게 된다.

이 보고서에서는 또한 영재 학생을 위한 교육을 개선시키기 위해 다음과 같은 방안을 제시했다.

- 도전적인 교육과정의 수준 설정
- 높은 수준의 학습 기회 수립
- 유아교육의 기회 확대
- 불우한 학생과 소수 민족 학생을 위한 교육 기회의 증대
- 교사 훈련과 기술적 지원의 기회 확대
- 세계 수준에 부합되는 학습을 위한 노력

이 보고서로 인해 각 주의 교육이 많이 개선되었다. 학교에서는 영재아들을 위해 교육과정을 압축할 것을 강조하였고, 영재아의 개념적 정의를 보다 확대시키고, 다양한 가정 형태와 낮은 사회경제적 위치에 있는 영재아를 위해 판별법을 개선하고, 전문가를 양성하며, 의무적으로 영재교육 프로그램을 실시할 것을 강조했다.

「국가적 수월성: 미국 인재개발 보고서」의 전문을 읽고 싶은 사람은 www.ed.gov/pubs/DerTalent/toc.html에 접속하면 미국 교육부에서 공개한 보고서의 전문을 다운받을 수 있다.

교육 목표

최근 몇 년간 학교교육을 개선하려는 노력은 교육 목표와 교육적 책무성에 중점을 두고 이루어졌다. 이 사업은 졸업생들이 반드시 요구되는 기량(skill)을 갖추도록 하려는 데 목적을 두고 있다. 그 기준은 학생들이 알아야 할 것과 해야 하는 것들로 되어 있다. 각 주에서는 학생들이 반드시 배워야 할 특정한 지식과 기술 수준 그리고 그것을 평가할 수 있는 검사를 개발했다. 각 학교는 학생들의 시험 결과로 평가되기도 한다.

교육 목표는 이론적으로는 훌륭했으나 실재에서는 많은 문제점이 발생할 수 있다. 교사와 학교는 학생들의 수행 정도에 따라 보상받거나 처벌받을 수도 있기 때문에 어떤 교사들은 오로지 표준화된 검사 기준을 충족시킬 수 있는 교수지료에 의존하여 가르친다. 이것은 기준에 겨우 도달하는 학생들에게는 도움이 되었지만 다른 학생들, 특히 영재아의 경우는 이미 알고 있는 것을 복습하는 것에 지나지 않는다. 어떤 경우, 지식과 이해는 단지 사고 기술을 가르치는 것에 지나지 않았으며, 영재아들은 그 검사를 쓸모없는 종이와 연필 정도로 대수롭지 않게 여긴다.

능력별 학급편성 제도의 폐지

1990년대에 많은 학교들이 능력별 반 편성 과정을 없앴다. 낮은 등급 과정에 있는 어린 학생들에게 꼬리표가 붙으면 등급 조정을 통해 다시 반 편성을 할 때도 교사의 편견 등으로 인해 낮은 등급에 계속 머물게 될 우려가 있으며, 학생들은 능력과 흥미보다는 학생에 대한 교사의 기대로 인해 낮은 등급의 반에 배치될 수 있기 때문이다.

융통성 없는 능력별 반 편성 운용은 많은 논쟁거리를 불러일으킨다. 낮은 등급의 반에 편성된 학생들은 스스로에 대한 기대치가 낮아지며, 교사들 역시 그들에게 낮은 기대치를 가지게 된다. 결국에는 이러한 학생들은 낮은 수준의 교육을 받게 된다.

그에 대한 대안으로 한 가지 접근법이 교육에 적용되었는데, 이 방법도 그 자체로 문제가 있었다. 능력이 서로 다른 학생들로 이루어진 학급에서 동일한 수업 내용을 동시에 가르치는 것은 매우 어려울 수 있다. 어떤 학생들은 교사의 의도대로 학습하고, 어떤 학생은 이미 알고 있어서 자거나 다른 아이들을 방해하기도 하며, 몇몇은 수업 내용을 학습하는 데 필요한 기초적인 개념도 모르고 있을 수 있다.

교육적 공평성은 모든 학생들이 같은 날 같은 페이지를 학습해야 한다는 것을 의미하는 것은 아니다. 이러한 교육적 공평성에 대한 전제를 근거로 영재아들에게 차별화된 교육을 제공하자는 움직임이 일어나기 시작했다('제5장'에서 보다 차별화된 교육과정에 대한 내용을 제시하였다). 엄격한 능력별 반 편성 대신 교육적 차별화(differentiation)는 학생의 준비도, 흥미 그리고 학생들의 학습 양식에 기초하여 융통성 있는 반 편성을 하여 개인의 학습 요구를 충족시킬 수 있도록 하자는 것이었다.

'영재교육을 위한 전국연합회'에서는 영재 프로그램의 기준을 개발하여 학교에서 양질의 영재 프로그램을 개발하고 평가할 수 있도록 청사진을 제공했다. 영재 학생들의 요구를 모두 충족시키는 것은 어쩌면 불가능한 일일 것이다. 그러나 영재교육을 위해 정부에서 더 강력한 조치를 취하고, 더 많은 예산을 할당할 수 있도록 모두가 영재교육을 적극적으로 지지하는 옹호자가 되기를 바란다. 다음과 같은 내용의 서비스를 제공할 수 있도록 해야 할 것이다.

- 전문 교원 양성
- 특별한 교육과정을 필요로 하는 학생의 판별
- 적절한 교육과정과 평가방법 개발
- 프로그램의 효율성 평가방법 개발

지적 능력에는 한계가 없다.
무지에도 한계는 없지만…….

작자 미상

Chapter 2

영재를 알아보는 법

- 영재가 의미하는 것은 무엇인가?
- 우리 아이가 영재라는 것을 어떻게 알 수 있을까?
- 학교에서는 누가 영재인지를 어떻게 판별하는가?
- 왜 어떤 영재아들은 판별 과정에서 간과되는가?

누가 영재인지를 판단하는 것이 어려운 이유 중 하나는 '영재'라는 단어는 사람에 따라 다른 것을 의미하기 때문이다. 여기서 과거와 현재의 영재 전문가들이 영재를 어떻게 정의하고 있는지 살펴보자.

❖ 영재교육의 아버지라고 알려져 있는 루이스 터먼(Lewis Terman)은 영재를 다음과 같이 정의하고 있다. "스탠퍼드-비네 지능검사 도구나 이와 유사한 도구에 의해 측정되는 일반적 지적 능력의 상위 1% 수준"

❖ 전 시카고(Chicago) 대학의 교수였던 폴 위티(Paul Witty)는 창의적 표현력의 잠재력이 높은 학생들을 판별해 내기 위해 영재의 개념이 폭넓게 정의될 필요가 있다고 했다. "예술, 문학, 리더십에 있어서 뛰어난 잠재력을 가지고 있는 아이들은 자신의 작품이나 리더십 등의 수행으로 인정받을 수 있다. 그러므로 영재의 정의는 확장되어야 하며, 현재의 활동에서 잠재적으로 가치 있는 수행을 보여 주는 모든 아이들이 영재아로

고려되기를 원하며, 지속적으로 관심을 가져야 한다."

❖ 이론가이자 『인간 지능의 본질(The Nature of Human Intelligence)』의 저자인 길포드(J. P. Guilford)는 1950년 미국심리학회(American Psychological Association) 집회 강연에서 기조연설을 했으며, 그 연설을 통해 창의성을 정의하고, 창의성을 육성하기 위한 문을 열었다. 그는 지능의 수준보다는 그 본질에 중점을 두었다. 그에 따르면 지능은 내용 또는 정보, 정신적 조작, 산출의 세 가지 차원으로 이루어져 있다고 보았다. 이때 각각의 차원에는 구성요소들이 있으며, 차원과 요소의 조합으로 지능은 150가지 능력[1)]으로 표현된다고 보았다. 그는 150가지 능력 중 전반적으로 능력의 개수가 아주 많은 사람 혹은 특정 영역에서 능력의 개수가 아주 많은 사람을 영재라고 생각했다.

❖ 미국 국립영재교육연구소(National Research Center on the Gifted and Talented)의 소장인 조셉 렌줄리(Joseph Renzulli)는

---

1) 길포드(Guilford)가 지능구조 모형을 제안한 초기에는 지능은 120개의 독립적인 요인으로 구성되었다고 주장하였으나, 1982년의 논문에서는 150개로 수정하였으며, 1988년에는 다시 180개의 요인으로 확장하였다. 지능구조 모형에서는 내용, 조작, 산출의 3개의 차원을 다시 5개의 내용 차원, 6개의 조작 차원, 6개의 산출 차원으로 나누었다. 즉, 180개(5×6×6)의 요인이 다양한 방식으로 상호 결합하여 삼차원적 구조를 이루며, 상이한 정신 능력이 만들어진다고 가정하였다.

영재를 다음과 같이 정의하였다. “인간 특성의 세 가지 측면, 즉 평균 이상의 일반적 능력, 고도의 과제 집중력 그리고 고도의 창의성 간의 상호작용” 그는 영재성을 높은 IQ 수준으로 정의하는 것에 대해 비판적인 시각을 가지고 있다.

❖ 고완(John C. Gowan)은 인본주의 심리학의 체계 안으로 영재아의 개념을 끌어들였다. “영재(gifted)는 말로 표현되는 창의성의 잠재력을 의미하는 반면, 재능(talented)은 비언어적으로 표현되는 창의성의 잠재력을 의미한다.”

❖ ‘멀랜드 보고서’에서는 “영재 아동이란 우수한 능력이 있어서 뛰어난 수행을 할 수 있을 것으로 전문가에 의해 판별된 아동을 말한다. 이런 아동에게는 자기 자신이나 사회의 한 분야에서 그 능력을 실현할 수 있도록 일반 학교의 정규 교육과정과는 다른 차별화된 교육과정을 실시해야 한다.”라고 기술한다.

❖ 다중지능이론을 개발한 하버드(Harvard) 대학의 교수 하워드 가드너(Howard Gardner)는 지능을 다음과 같이 여덟 가지 유형으로 정의하였다.

언어적 지능(Linguistic Intelligence) 주로 언어로 사고하고, 읽고 쓰는 것을 좋아하며, 단어를 보고 듣고 말함으로써 가장 잘 학습할 수 있다.

음악적 지능(Musical Intelligence) 노래를 부르거나 음악에 맞추어 흥얼거리기를 좋아하며, 음악을 좋아한다. 악기를 연주하거나 멜로디를 잘 기억한다.

논리-수학적 지능(Logical-Mathematical Intelligence) 개념적으로 생각하며, 통제되고 규칙적인 방법으로 환경을 조작하고, 논리적인 퍼즐이나 전략적 게임을 좋아하며, 컴퓨터를 즐긴다.

공간적 지능(Spatial Intelligence) 심상(image)으로 사고한다. 그리기나 디자인하는 것을 좋아하며, 구성 놀이감을 좋아하고, 기계에 심취한다.

신체-운동감각 지능(Bodily-Kinesthetic Intelligence) 체조나 춤에 재능이 있으며, 타자 치기, 바느질, 조각 또는 미세 운동 능력을 요구하는 활동에 능숙하다.

대인 간 지능(Interpersonal Intelligence) 다른 사람을 이해하고, 리더십을 발휘하며, 사람들 간의 갈등을 성공적으로 중재한다.

개인 내 지능(Intrapersonal Intelligence) 자신의 감정, 꿈 그리고 이상에 대한 깊은 자각을 나타낸다. 스스로 공부하며, 관행을 잘 따르지 않는 사람(비순응주의자)이 될 수도 있다.

자연탐구 지능(Naturalist Intelligence) 자연환경을 포함한 주변의 환경에 민감하며, 자연체계가 작동하는 방법에 대한 관찰력이 예민하다.

❖ 임상 심리학자 린다 실버먼(Linda Silverman)이 이끄는 심리학자, 교육자 및 학부모들로 구성된 단체인 콜럼버스 그룹(Columbus Group)은 영재아들에게서 비전형적인 발달이 나타난다는 것에 주목했다. "영재성은 다른 영역의 발달에 비해 인지 능력만 뛰어난 비동시적 발달이며, 보통과는 질적으로 다른 것을 자각한다. 이러한 비동시성은 지적 능력이 높음에 따라 증가하며, 영재의 특수성은 그들을 취약한 상태로 만든다. 그러므로 영재아의 발달을 돕기 위해 이들에게 맞는 양육과 교육 및 상담이 필요하다."

❖ 퀘백(Québec) 대학의 연구자인 프랑수와 가네(Francys Gagné)는 영재성을 "적어도 한 가지 영역에 있어서 뛰어난 선천적 잠재력을 가지고 있는 것"으로 정의하였다. 그는 재능(talent) 또는 뛰어난 수행은 체계적인 훈련과 연습을 통해 계발된다고 보았다. 가네에 따르면, 학업에서는 뛰어나지 않지만 지적으로 뛰어나다면 영재성이 있는 것으로 볼 수 있다. 미성취(underachievement)[2] 때문에 학업에서의 재능은 발휘되지 않았으나 지적으로는 영재인 아이가 있다는 것이다.

❖ 미국 교육부는 1993년에 「국가적 수월성: 미국 인재개발 보고서(National Excellence: A Case for Developing America's Talent)」를 발행하였으며, 여기서 영재를 다음과 같이 정의하고 있다. "영재란 나이, 경험, 환경이 비슷한 다른 사람들에 비해 두드러지게 높은 정도의 성취를 이룰 수 있는 잠재력을 가진 아동이나 청소년을 말하며, 이들은 지적 · 창의적 · 예술적 영역에서 뛰어난 수행 능력을 나타낸다. 이들에게는 특별한 활동이나 교육 서비스가 필요하다. 뛰어난 재능은 모든 문화적 · 경제적 계층의 아동과 청소년에게서 나타나며 인간이 노력을 기울이는 모든 영역에서 나타난다."

❖ 작가이자 연구자인 스테파니 톨란(Stephanie Tolan)은 '비동시적 발달'이라는 말로 영재성을 정의했다. 그녀는 영재성을 "평범함을 벗어난 내면적 실제, 정신적 과정"이라고 강조했다. 이와 대조적으로 성취란 단지 정신적 과정을 표현한 것에 지나지 않는다. 성취는 학생의 상황에 따라 달라질 수 있으나 영재성은 그렇지 않다.

❖ 예일(Yale) 대학의 교수인 로버트 스턴버그(Robert Sternberg)는 영재성은 다음의 다섯 가지 요소를 포함하고 있다고 주장

---

2) 미성취란 자신의 잠재 능력이나 지능에 비해 예상되는 것보다 학업에서 훨씬 낮은 성취를 보이는 것을 말한다.

하였다.

수월성 영재는 또래에 비해 특정 영역(dimension) 또는 전체 영역에 있어서 우세하다.

희소성 영재는 또래에 비해 드물게 높은 수준의 자질을 가지고 있다.

생산성 영재성을 보이는 영역에서 뛰어난 결과물을 만들어 낸다.

입증 가능성 영재성이 있는 것으로 결정되기 위해서는 한 가지 이상의 타당한 평가를 통해 입증되어야 한다.

가 치 입증된 영역 내에서 이루어진 우수한 성취는 그 사회에서 가치 있게 여겨지는 것이어야 한다.

학교에서 영재를 판별하는 방법

불가능한 것은 아니지만 잠재적인 영재나 재능 있는 학생을 모두 판별해 내는 것은 힘든 일이다. 특히, 학교가 자금이나 인적자원에 있어서 제한적일 때는 더욱 그렇다. 학교에서는 학생들의 준비도, 열정이나 관심 그리고 학습 스타일이나 학습 선호도에 기반을 둔 차별화된 교육 프로그램이 필요한 학생들을 판별하기 위해 노력한다. 대부분의 학교는 특별 프로그램에 학생들이 독단적으로 배정되는 것을 피하기 위해 심사와 선발 과정을 거치도록 하고 있다.

미국 전국영재교육연합에 따르면, 학교에서 영재 프로그램에 참여시킬 학생의 자격을 판별하는 절차에는 다음과 같은 중요한 요소들이 포함되어야 한다.

- 영재 프로그램에 참여할 수 있는 자격을 결정하기 위한 포괄적이며 협력적인 노력
- 다양한 능력, 재능, 강점 및 요구를 측정할 수 있는 평가도구
- 적절한 중재를 계획하는 데 필요한 개별 학생들의 강점과 요구를 나타낸 프로파일
- 최근 이론과 연구에 기초한 판별 절차와 도구
- 부모의 동의서, 학생의 프로그램 참가서, 학생의 재평가, 프로그램 탈퇴와 과정에 대한 항의 절차를 명시한 문서

일반적으로 학교에서는 영재 프로그램에 참여시킬 아동을 선발하기 위해 한 가지 이상의 방법을 사용한다. 판별의 목적은 포괄적인 방법으로 잠재력을 가진 학생들을 가능한 한 많이 선발할 수 있도록 하는 것이다. 여러 가지 심사방법(자기 추천, 학부모 추천, 학업수행, 포트폴리오, 성적 등)이 있지만, 대부분의 학교에서는 IQ 검사,

성취도 검사 그리고 교사 추천을 이용한다. 학교는 한 가지 이상의 여러 방법들을 종합적으로 사용하지만, 일반적으로 빠르고 비용 면에서 효율적인 방법을 사용한다. 최근에 와서 뇌와 학습에 관한 정보가 증가하면서 단일 검사에 의존하여 영재를 선발하는 학교의 수는 점점 줄어들고 있다. 아동에 관한 많은 정보를 가지고 있는 학교일수록 아동의 요구에 적합한 더 나은 프로그램을 가지고 있다.

일부 학교에서는 일차적으로 모든 학생을 대상으로 검사를 실시하고, 검사 결과에서 잠재적 영재로 판별된 학생들에게 다시 일련의 검사를 실시하여 그 학생들의 자료를 수집하고 검토한 후에 영재 프로그램의 참여 여부를 결정한다. 많은 학교들은 개별 학생에 관한 종합 점수를 산출할 수 있는 매트릭스를 사용한다. 이 방법은 전체 모집단에 주어진 평가도구의 범위를 검토하고, 미리 정해진 준거에 따라 가중치를 매기는 방법이다. 가중치 점수는 개별 학생의 매트릭스에 입력되고 등급이 매겨진다. 학교가 속한 주나 학군의 준거에 정해진 비율에 맞추어 탈락선(cutoff)이 정해지고, 프로그램에 참여할 최상위 학생들이 선발된다.

매트릭스의 제한점은 학생 개개인보다는 단지 점수만을 살펴보기 때문에 특정 학생들의 학습 요구는 무시될 수 있다. 이는 엄격한 탈락선을 적용하는 학생 선발방법이므로 학생들은 자신보다 못한 학생이 있는지 없는지에 따라 영재 프로그램이나 서비스를 한 해만 받고 다음 해에는 못 받을 수도 있다. 학교에서 사용되는 이 방법은 모든 분야에서 평균적으로 우수하지 못하지만 특정한

한 영역에서만 우수한 학생은 제외시킬 수 있다는 제한점도 있다.

누가 영재로 선발되는가 하는 것은 영재성 판별방법에 달려 있다. 예를 들면, 학교가 영재를 IQ 130 이상인 사람으로 정의한다면, 영재아를 선발하기 위해 IQ 검사를 사용할 것이고, 130 이상의 점수를 받은 학생들이 서비스를 받게 될 것이다. 반면, 만약 학교가 높은 수행 능력을 중요하게 생각한다면, 학생들의 예술 작품 포트폴리오나 수학 성취를 나타내는 증거 자료 또는 리더십을 입증할 만한 자료를 평가할 것이다. 무엇보다도 학교에서 사용하는 판별 과정은 학교의 영재 프로그램이나 교육과정 모델과 밀접하게 관련되어야 한다.

학교에서 시행하고 있는 프로그램에 맞추어 학생들을 선발해야 할까? 아니면 학생의 가능성과 능력을 보고 선발하여 학생에게 맞는 프로그램을 만들어야 할까? 대체적으로 학교는 시행되는 프로그램에 맞는 영재 학생을 선발한다. 왜냐하면, 그것이 비용 면에서 효율적이기 때문이다. 그러나 원칙적으로 학교는 잠재력을 가진 학생들을 교육해야 할 의무가 있기 때문에 개개의 영재 학생에게 맞는 특별한 프로그램이 필요하다.

어떤 경우, 영재 프로그래밍을 위한 학생들의 선발 과정은 공식적으로 기록되어야 하며, 학부모는 자신의 자녀가 다니는 학교가 어떤 과정으로 영재를 선발하는지 알 필요가 있다. 학교의 영재 프로그램 조정자(coordinator)는 그 과정에 대한 지식이 있어야 하며, 학부모에게 설명해 줄 수 있어야 한다. 만약 학교에 영재 프로그램 조정자가 없다면 기본적인 교육과정 운영자나 특별 프로그래밍을 책임지는 교육행정가가 학부모에게 도움을 줄 수도 있을 것이다.

몇몇 학교에는 선발 과정에서 탈락된 학생을 위해 재심사를 요구할 수 있는 절차가 있다. 또 어떤 지역에서는 추가 검사, 수행 능력을 보여 줄 수 있는 증거 자료 또는 부가적인 참고 자료들을 요구하며, 이는 학부모의 책임이나 비용 부담이 될 수도 있다.

투명한 판별과 심사 절차와 더불어 영재 프로그램의 탈퇴에 대해서도 학생들이 분명한 정책 지침 방향을 알 수 있도록 판별 절차를 문서화해야 한다. 만약 프로그램이 학생에게 잘 맞지 않는다면 탈퇴해야 하며, 왜, 어떻게 해서 그런 일이 일어났는지를 이해할 필요가 있다.

표준화 검사

표준화된 검사는 검사를 실시하고 채점하는 표준화된 절차가 있으며, 정해진 규준에 따라 한 개인의 점수를 다른 사람의 점수와 비교할 수 있다. 표준화 검사는 타당도(측정하고자 하는 것을 실제 측정하였는가)와 신뢰도(한 사람이 같은 검사를 여러 번 받아도, 검사자가 달라지고, 검사 문항이 달라도 같은 점수가 나오는가)를 제시해야 한다. 다시 말하면, 표준화 검사는 다른 사람과 비교하여 자신의 점수는 상대적으로 어디에 위치하는가, 측정하고자 하는 바를 측정하는가, 반복되는 측정에도 같은 결과를 나타내는가를 보여 주어야 한다.

집단 지능검사

집단 지능검사는 영재 프로그램에 참여할 학생을 선발하기 위해 사용하기에는 몇 가지 문제점을 가지고 있다. 집단검사는 부가적으로 보다 정확한 개인검사를 통해 판별할 필요성이 있는 학생들을 일차적으로 파악하기 위한 검사다. 비록 일차적인 선별을 하기 위해 일반적으로 사용하고 있지만, 지적으로는 확실히 뛰어나지만 읽기에 문제가 있는 아이, 정서적으로 혹은 동기에 문제가 있는 아이, 빈곤 가정의 아이, 다문화적인 배경을 가지는 수많은 영재 아들을 놓칠 수 있다는 문제점이 있다. 또한 아이가 어릴수록 부정확한 집단검사는 그러한 결과를 초래할 가능성이 높다. 잠재력이 있는 아동의 절반 정도는 집단검사를 통한 판별 과정에서 탈락한다. 한 아이의 IQ 점수가 다른 IQ 검사에서는 다를 수 있다. 그러므로 영재아를 판별하는 검사방법으로 이처럼 정확성이 떨어지는 검사에만

지적 영재성에 대한 IQ 수준의 기준은 없지만 홀링워스 고도영재아센터(Hollingworth Center For Highly Gifted Children)의 회보(1994, 가을호)에 다음과 같은 가이드라인이 소개되어 있다.

- □ 경도(mildly) 영재 IQ 범위: 115 ~ 129
- □ 중도(moderately) 영재 IQ 범위: 130 ~ 144
- □ 고도(highly) 영재 IQ 범위: 145 ~ 159
- □ 초고도(exceptionally) 영재 IQ 범위: 160 이상

의존해서는 안 된다. 어떤 학군에서는 영재 프로그램에 참여할 수 있는 기준으로 IQ 125를 사용하고 있는 반면, 다른 곳에서는 그 기준을 140으로 두고 있다. 아이가 이러한 기준 점수보다 바로 밑의 점수를 받게 되면 부모들은 개인 IQ 검사로 재검사를 받기도 한다.

개인 지능검사

개인 지능검사는 집단 지능검사보다 지능을 예측하는 데 보다 정확하지만, 비용이 비싸게 들며, 시간이 많이 소비되는 단점이 있다. 특정 학교들은 요구에 따라 실시하기도 하지만 많은 학부모들은 개인검사를 원할 경우 자신들이 알아서 해야 한다는 것을 알고 있다.

개인검사가 집단검사에 비해 정확하다 하더라도 마찬가지로 영재 프로그램의 참여를 위한 판별의 유일한 준거가 되어서는 안 된다. 많은 전문가들은 이러한 검사는 지능을 검사한다기보다는 특정 문화권 내의 학업적 적성을 검사한다고 말한다. 또한 지능검사는 창의성을 측정하기에는 부족하며, 경도, 중도, 고도, 초고도의 영재아를 잘 구별해 내지 못하기도 한다. 만약 어느 한 검사의 상한선이 낮다면 최상위 점수를 획득한 학생들 간의 지능 차이를 알 수 없을 것이다. 예를 들면, 만약 검사 척도가 고도나 초고도의 영재 학생들이 자신이 알고 있는 것과 할 수 있는 것을 증명하기에 충분하지 않다면 고도나 초고도의 영재 학생과 중도의 영재 학생 모두 검사에서 최상위 점수를 받을 것이다. 이러한 영재아들이 더 높은 상한선이 있는 검사나 연령이 더 높은 학생들을 대상으로 하는 검사를 받을 경우, 점수의 폭이 더 커질 수 있기 때문에 보다 정확하게 알 수 있을 것이다.

그래서 일부 연구자들은 고도와 초고도의 영재를 포함한 영재아의 하위집단을 판별할 수 있는 스탠퍼드-비네 검사 LM(Stanford-Binet LM)을 사용한다.

브로스 심리측정연구소(Buros Institute of Mental Measurements)

이 사이트(www.unl.edu/buros)에서는 표준화 검사에 대한 포괄적인 정보를 제공하고 있다. 지능검사를 포함하여 10,000개 이상의 출판된 검사나 조사도구에 대한 설명과 개요를 볼 수 있도록 온라인 사이트를 링크해 두고 있다.

성취도 검사

성취도 검사는 학생들의 잠재력을 검사하기보다 학습한 것을 측정한다. 대부분의 학교는 일정 기간을 두고 성취도 검사를 시행하며 그 결과를 바로 알 수 있다. 집단 지능검사의 결과처럼 성취도 검사 결과로 영재교육 프로그램에 참가할 아동을 판별하고자 할 때는 주의가 요구된다. 특정 영역에서의 학생의 발달은 성취도 검사에 반영될 수도 있으나 이러한 검사는 영재성을 측정하기 위해 고안된 것은 아니다. 모든 영재아들이 표준화된 성취도 검사에서 항상 높은 점수를 받는 것은 아니다.

성취도 검사상의 학년등가점수(grade-equivalent score)는 영재아의 잠재력이나 능력을 보여 주는 등급 수준을 의미하는 것이 아니라, 그 학년 수준에서 학생이 받은 평균 점수를 의미한다. 어떤 영재아들은 성취도 검사가 중요한 것이 아니라고 생각하기 때문에 최선을 다하지 않을 수도 있으며, 시험으로는 드러나지 않는 영재아도 있다. 전형적으로 성취도 검사는 점수의 상한선이 낮으며, 영재아들은 최고 범위의 점수를 획득하게 된다. 이런 경우, 부모나 교사들은 실제 아이의 능력과 그들의 지식수준을 알 수 없다. 다시 말하면, 성취도 검사에서는 영재아들의 진정한 잠재력을 파악할 수 없다. 이러한 경우, 아동은 보다 높은 수준의 검사를 받을 필요가 있다. 때로는 보다 나이 많은 아동이나 한두 학년 정도 상급반의 아동과 함께 검사를 받는 것도 유용하다. 이러한 수평 검사(off-level test)는 영재아들의 지식수준을 파악하는 데 도움을 준다.

성취도 검사(Achievement Test)

- **캘리포니아 성취도검사(California Achievement Test)**
  12개 영역—읽기(어휘, 이해력, 전체), 수학(개념, 이해력, 문제, 전체), 언어(용법, 글쓰기 기본 점검 사항, 구조, 철자, 전체)—의 점수를 나타낸다.

- **아이오와 기초능력검사(Iowa Test of Basic Skills)**
  1~12학년을 위한 기본적인 능력을 측정한다. 점수는 학년등가(grade

equivalents), 특별 집단을 위한 백분위 규준(percentile norms) 그리고 연령등가(age equivalents)로 나타낸다.

- **메트로폴리탄 성취도검사**(Metropolitan Achievement Test)
  전형적인 K-12학년 학생을 위한 규준참조검사(norms-referenced test)이며, 준거참조 자료(criterion-referenced data)다. 점수는 읽기, 수학, 언어, 사회학, 과학 및 쓰기로 구분된다.

- **순차적 학습진보검사**(Sequential Test of Education Progress)
  4~6, 7~9, 10~12, 13~14학년을 위한 영어 표현, 읽기, 쓰기와 관련된 기술(철자, 대문자, 구두점)과 수학, 과학 및 사회학을 측정한다.

- **SRA 성취도검사**(SRA Achievement Series)
  읽기, 수학, 언어, 문학, 참고자료, 사회학과 과학에서의 기술을 측정한다. 각 수준에서 두 종류가 사용된다.

- **스탠퍼드 성취도검사**(Stanford Achievement Test)
  언어 기술, 읽기, 이해, 수학적 기술, 과학, 사회학 및 청능 기술(auditory skill)을 측정한다. K-12학년을 위해 5단계가 사용된다.

교사의 지명

영재 프로그램에 참여시킬 아동을 판별할 때 일부 학교들은 교사의 추천에 의존한다. 또 어떤 학교들은 교사의 추천과 검사를 함께 사용한다.

교사가 영재의 실제 특징을 알아볼 수 있는 훈련을 받았다면 통찰력을 발휘하여 의미 있는 정보를 제공할 수 있을 것이다. 그러나 훈련받지 않은 교사의 지명은 항상 정확한 것은 아니다. 특정 학급의 교사는 단지 공부를 잘하고, 숙제를 제때에 제출하고, 깔끔하게 처리하고, 한편으로는 교사가 기대하는 대로 행동하는 아동을 지명하려는 경향이 있다. 매우 창의적이고 어수선하고 의욕이 없거나 또는 관습에 얽매이지 않는 사고를 하는 아동은 간과되기 쉬우며, 다문화적 배경을 가진 아동 또한 놓치기 쉽다.

교사의 의견은 판별 기준의 전부가 아닌 일부분이 되어야 한다. 오직 교사의 의견만이 판별 기준이 될 때 표준화 검사에 의해 우수하다고 판단된 아동의 상위 절반 이상이 탈락될 수 있다. 연구자인 존 제이콥스(Jon Jacobs)는 유치원 교사가 영재라고 지명한 아이들 중 단 4.3%만이 판별이 정확하다는 것을 발견했다. 오히려 부모가 아동의 영재성을 판단함에 있어서는 교사보다 훨씬 더 나았다. 부모들이 영재아로 지명한 전체 아동 수가 교사가 지명한 아동의 수보다 더 적었으며, 부모들의 지명이 교사들의 지명보다 더 정확했다. 교사는 아동을 확실히 판단하기 전에 영재 학생의 특징을 이해하기 위한 훈련을 받을 필요가 있다.

2학년인 아들이 영재라고 확신한 한 학부모가 자신의 아들을 검사해 달라고 요청했다. 교사는 그렇게 하겠다고 말했지만 자신이 보기에는 아이가 특별히 뛰어난 점은 볼 수 없었다고 말했다. 그 교사는 "한 가지 문제라면 우리가 수학 활동을 할 때 이 아이는 혼자 읽기 책을 보고 있다는 거예요."라고 말했다. 그런데 실제 결과, 그 아이는 영재로 확인되었다.

부모의 지명

부모는 자녀의 능력을 알아볼 수 있는 훌륭한 통찰력이 있으며, 일부 학교에서는 부모의 의견을 참조하기도 한다.

부모용 영재아 체크리스트

다음은 부모가 자녀의 영재성을 체크해 볼 수 있는 질문지다. 이 질문지의 결과는 자녀의 영재성을 뒷받침할 수 있는 참고자료로 활용할 수 있다.

- 자녀가 어떤 특별한 재능이나 기술을 가지고 있다면 그러한 재능이나 기술을 보여 주는 행동의 예를 적어 보세요.

■ 다음의 각 항목을 읽고 여러분의 아이에게 해당되는 정도를 체크해 보세요.

내 용	전혀 그렇지 않다	조금 그렇다	그렇다	아주 많이 그렇다
1. 나이보다 영리하고 민첩한가?	☐	☐	☐	☐
2. 매우 활발한가?	☐	☐	☐	☐
3. 게임과 독서를 할 때 관심사가 자신보다 나이 많은 아동이나 어른들과 비슷한가?	☐	☐	☐	☐
4. 일단 시작하면 그 과제에 끝까지 매달리는가?	☐	☐	☐	☐
5. 관찰력이 예리한가?	☐	☐	☐	☐
6. 놀랄 만한 기억력을 가지고 있는가?	☐	☐	☐	☐
7. 여러 가지 다른 방법들을 활용하여 문제를 해결하는가?	☐	☐	☐	☐
8. 다른 사람들은 잘 보지 못하는 문제를 알아차리는가?	☐	☐	☐	☐
9. 독특한 방법으로 문제를 해결하는가?	☐	☐	☐	☐
10. 무슨 일이든지 방법과 이유를 알고자 하는가?	☐	☐	☐	☐
11. 무엇인 척 가장하기를 좋아하고 상상력이 풍부한가?	☐	☐	☐	☐
12. 뛰어난 유머감각을 지니고 있는가?	☐	☐	☐	☐
13. 다양한 주제에 대해 많은 질문을 하는가?	☐	☐	☐	☐
14. 세부적인 것에 신경 쓰지 않을 때가 있는가?	☐	☐	☐	☐
15. 소음, 고통, 좌절에 격렬히 반응하는 것과 같이 감각적이고 열정적인가?	☐	☐	☐	☐
16. 활동을 계획하고 조직화하는가?	☐	☐	☐	☐
17. 놀이를 할 때 조직하고 조정하는 능력이 평균 이상인가?	☐	☐	☐	☐
18. 또래 아이들에 비해 발달상 높은 단계를 나타내는가?	☐	☐	☐	☐
19. 혼자 있기를 즐기는가?	☐	☐	☐	☐
20. 이야기를 잘 만들어 내며 독창적인 아이디어를 가지고 있는가?	☐	☐	☐	☐

21. 다양한 분야에 관심을 가지고 있는가?	☐	☐	☐	☐
22. 자신이 원하는 대로 다른 아이들을 행동하게 만드는가?	☐	☐	☐	☐
23. 아주 높은 수준의 언어를 구사하는가?	☐	☐	☐	☐
24. 자신과 비슷한 관심사를 가진 다른 사람들을 찾고 같이 즐기는가?	☐	☐	☐	☐
25. 다른 사람과 함께 작업할 수 있으며 함께하려고 하는가?	☐	☐	☐	☐
26. 자기 자신에게 높은 기준을 적용하는가?	☐	☐	☐	☐
27. 단순한 것보다는 어려운 문제를 선택하는가?	☐	☐	☐	☐
28. 책 읽기에 빠져 있는가?	☐	☐	☐	☐
29. 하고 싶은 것이 많고 열심히 하는가?	☐	☐	☐	☐
30. 자신의 아이디어를 다른 사람에게 알리기를 좋아하는가?	☐	☐	☐	☐

창의성 검사

학생들이 문제를 얼마나 창의적으로 해결하는지를 측정하는 창의성 검사는 유창성(반응의 수), 융통성(사고방식을 변화시킬 수 있는 능력), 독창성(반응의 독특성) 및 정교성(반응의 구체성) 등을 구성요소로 하여 점수화한다. 이런 종류의 창의성 검사는 한 가지 문제에 대해 다양한 반응을 찾아내는 확산적 사고를 하는 사람들(이러한 사람들은 IQ 검사에서는 간과될 수 있다)을 판별하는 데 유용하다.

다음은 창의적인 영재아의 특징에 대해 정리한 것이다(다음의 특징 중 몇 가지는 '제3장'에서 더 자세하게 다룰 것이다).

- 많은 것에 열정적인 호기심을 나타내며, 무엇이든 끊임없이 질문한다.
- 문제와 관련하여 많은 아이디어나 해결책을 제시하며 질문하고, 때로는 일반적이지 않은 것을 제시하며, 엉뚱하거나 영리한 반응을 한다.
- 자신의 의견을 표현하는 데 거리낌이 없으며, 성인을 포함한 다른 사람에게 쉽게 동조하지 않는다. 즉, 자신의 의견을 쉽게 누그러뜨리지 않는다.
- 위험을 감수하며 도전적이고 추론적이다.
- 지적 유머감각을 지니고 있다. 공상이나 상상을 즐긴다('내가 만약 ……하다면, 어떤 일이 일어날지 궁금해.'). 그리고 이것저것 아이디어를 내고 덧붙이거나 변화시키는 것을 좋아한다. 관습이나 사물을 개선하고 다르게 바꿔 보는 것을 좋아한다.
- 예리한 유머감각을 지니고 있으며, 다른 사람은 생각하지 못했던 곳에서 유머를 발견한다.
- 자신의 충동을 대단히 잘 인식하며, 정서적으로 민감하고, 종종 비논리적인 것처럼 보인다. 여자아이들은 보통 아이들보다 훨씬 독립적인 반면 남자아이들은 일반적으로 여성적이라고 여겨지는 것에 대해서도 자유롭게 관심을 표현할 수 있다.
- 미적인 것에 관해 예민하며, 다른 아이들에 비해 사물의 아름다움을 잘 지각한다.
- 평범해지려고 굳이 애쓰지 않는다. 정상에서 벗어나거나 무

질서한 것도 편안히 받아들이고, 다르다는 것에 신경 쓰지 않는다.

- 건설적인 비판을 잘하며, 비판적인 검토 없이는 부모나 교사가 말한 것을 곧이곧대로 받아들이려 하지 않는다.

포트폴리오

작품 모음인 포트폴리오는 학생들이 무엇을 할 수 있는지를 보여 준다. 포트폴리오는 아동의 장기간의 성장 과정을 증명하는 것이며, 가장 좋은 작품들을 질서 정연하게 모아 놓은 것이다. 지필 도구로는 측정되지 않는 예술적 영역에서의 성취를 보여 주기 위한 사진, 비디오 또는 오디오 테이프 등 시각적인 것들을 포함시킬 수 있다. 여기에는 정리한 자료를 선택한 이유와 날짜를 기록해야 한다. 아동의 작품에 대한 전문가의 평가가 포함되면 더 좋을 것이다.

철수가 받은 검사 점수는 학교의 영재 프로그램에 들어갈 수 있는 합격선에 못 미쳤다. 그러나 그의 어머니는 아들의 능력이 또래에 비해 뛰어나다는 것을 알았기 때문에 영재 프로그램 관리자와 교사에게 면담을 요청했다. 그녀는 아들이 두 살 때부터 해 온 작품 모음인 포트폴리오를 가지고 갔다. 포트폴리오에는 아이가 세 살 무렵부터 읽은 책의 목록과 함께 모든 날짜가 기록되어 있었다. 아이가 읽는 모습을 찍은 비디오테이프도 보관되어 있었다. 그녀는 아이가 관심을 가졌던 것을 기록해 놓았으며, 아이가 그린 그림과 그림에 대한 설명은 물론 완성된 프로젝트의 사진도 들어 있었다. 그것은 또래 연령의 다른 아이들을 능가하는 훌륭한 작품이었다. 아이는 이런 포트폴리오 덕분에 영재 프로그램에 입학하게 되었다.

최상위 우등생

성적만으로 영재 학생을 판별하는 경우는 전통적인 학교 시험에서 좋은 성적을 내기 위해 노력하는 학생들을 선호하는 경향이 있다. 우등생의 위치는 결국 학생들이 속한 학급에서 정해지는 것이며, 이것은 학교에 따라, 학군에 따라 매우 달라질 수 있다. 게다가 열심히 공부하는 학생들은 지능이나 잠재적인 능력에 상관없이 항상 최고 성적을 받게 된다.

동 기

과제 집착력은 때로 위대한 성취를 낳는다. 렌줄리 박사는 터먼의 영재아 연구에 대해 다음과 같이 언급했다. "가장 성공한 집단과 가장 성공하지 못한 집단을 구별하는 네 가지 특징은 끈기, 목표 지향성, 자신감 그리고 열등감으로부터의 자유다. 전체적으로 가장 큰 차이는 전반적인 정서적 적응, 사회적 적응 및 실천을 위한 동기다." 문제는 동기를 측정하는 것이 어렵다는 것이다.

또래의 지명

학생들은 자기 학급에서 누가 영재아인가에 대해 매우 공정하게 생각할 수 있다. 그러나 영재 학생의 판별이 인기투표가 될 수는 없다. 어린 학생들에게는 또래 사이에서 영리하고 리더십이 있거나 기발한 재주꾼이라고 알려져 있는 학생을 알아내기 위한 검사로 만화와 같은 그림을 사용하기도 한다. 아이들에게 그림을 보여 준 다음, "길을 잃어버렸을 때 이 아이는 누구에게 도움을 요청할 것 같니?" 혹은 "그림 속의 아이가 특별한 발명을 할 때 누구에게 도와 달라고 할 것 같니?"라고 물을 수 있다.

영재아로 판별된 이후에는?

만약 여러분이 자녀가 영재라는 것을 알았다면 다음 단계는 여러분의 몫이다. 아이의 선생님과 이야기하고, 가능하다면 영재 프로그램 관리자나 교장선생님과 당신이 관찰한 것을 의논해야 한다.

당신의 주장이 힘을 얻을 수 있도록 자녀의 성장 과정과 성취에 대해 지속적으로 기록하는 것이 좋다. 포트폴리오나 아이의 작품, 읽은 책의 목록과 프로젝트 사진을 보관할 때는 반드시 날짜를 기록해야 한다. 예술이나 체육과 같은 분야에서는 영재아의 능력이 명백히 드러나지만, 어떤 경우에는 특정 분야의 영재성이나 재능이 잘 드러나지 않으며 눈에 띄지 않을 수도 있다. 그러므로 포트폴리오를 만드는 것이 아이의 특별한 재능을 알아보는 데 도움이 될 수 있다.

교사가 처음 아이의 재능을 발견할 수도 있으나 보통은 부모가 자신의 자녀에 대해서는 가장 잘 알고 있다. 실제로 교사가 영재성 판별 훈련을 받지 않은 경우라면, 영리하고 창의적인 아이는 교사에게 기쁨보다는 고통을 더 많이 주었을 것이다. 만약 자녀가 이러한 상황에 있다면 부모는 학교 상담교사, 심리학자 또는 교육과정 전문가와 이야기해 볼 필요가 있다(학교 영재 프로그램의 개선 방안에 대해서는 '제6장'에 제시하였다).

'영재아'라는 꼬리표

많은 전문가들뿐만 아니라 일부 학부모들도 아이에게 '영재'라는 꼬리표를 달아 구분하는 것이 가치가 있는가에 의문을 제기한다. 그러나 꼬리표는 이미 존재하며, 그것은 기대치를 만들어 낸다. 아이들에게 물어보면 누가 아는 것이 많은지, 누가 더 빨리 더 쉽게 배우는지 아주 정확하게 잘 알고 있다. 심지어 어른들은 특정 분야에서 다른 아이들보다 더 영리한 아이를 인정하지 않더라도 아이들은 인정할 것이다.

능력별 학급편성과 영재를 위한 특별 프로그램은 협동학습과 교실 통합에 중점을 두고 있는 현재의 교육적 상황과는 잘 맞지 않는다. 능력별 반 편성은 논란의 여지가 있다. 많은 교육자들은 꼬리표가 붙은 아이(때로는 부정확할지도 모르는)와 그 아이가 그 꼬리표를 뗄 수 있는 기회가 주어지지 않는 것에 대해 깊은 우려심을 가지고 있다. 영재 판별의 목적은 꼬리표를 붙이는 것이 아니라 학생들의 학습 요구를 알기 위한 것이다.

그러나 일단 교사가 정규적인 교육과정이 아닌 특별한 교육과정에 참여할 아동을 판별하고 나면 이전에는 없었던 또 다른 문제가 발생한다. 학부모들은 학교가 자신의 아이를 위해 가능한 한 모든 것을 하고 있는지 물어볼 것이다. 이로 인해 학교는 이전보다 더 큰 책임감을 느끼게 될 것이다.

영재아들 자신에게 고급과정이나 우수과정에 있다는 것 자체는 이미 자신에 대해 알고 있던 것을 확인하는 것에 지나지 않는다. 어떤 사람들은 아이들이 그로 인해 자만할 것이라며 두려워하기도 하지만 영재성을 확인하게 된다고 해서 아이들이 우쭐대거나 하지는 않는다. 많은 영재아들은 다른 영재아들과 함께하는 프로그램에 참여했을 때 사회적 안정감, 또래 수용 및 자기 수용이 나타나는 것으로 보고되고 있다.

실제로, 비슷한 능력을 가진 또래와 함께하면서 오히려 아이가

겸손해질 수도 있다. 학급에서 정답만 말하거나 항상 첫 번째로 답을 말하는 학생이 자신 한 명일 경우 엘리트 의식이 생길 수 있다. 그러나 다른 아이들도 자신과 비슷하게 빨리 답한다는 것을 알게 되면 참된 성장 경험을 하게 될 것이다.

영재아라 불리는 것에 대한 아이 자신의 생각

- "완벽한 사람이라는 고정관념의 틀 속에 넣지만 않는다면 영재라고 불려도 상관없어요."
- "사람들은 영재라는 꼬리표에 대해 잘못 생각하기도 하는 것 같아요. 그것은 다른 사람보다 더 낫다는 것을 의미하는 것이 아니라 그냥 우리 학급의 다른 아이들에 비해 다르게 그리고 빨리 학습한다는 것을 뜻한다고 생각해요."
- "저는 다른 영재 친구들과 같이 있을 때 편안함을 느껴요. 그때는 나 역시 영재로 여겨지는 게 좋아요. 그러나 나 자신을 결코 영재라고 소개하지는 않아요. 나는 영재라고 불리기보다는, 사람들이 이렇게 말해 줬으면 좋겠어요. '그래, 그 아니는 영리한 학생이야. 그 아이는 탐구심이 강한 학생이야. 그 아이는 앞서 가고 있어.' 영재라는 말에는 긍정적이면서도 부정적인 의미가 모두 있다고 생각해요."
- "저는 영재라고 불리는 것이 싫어요. 그렇게 불릴 때는 당황스럽고 잘난 척하는 것 같아요."
- "영재를 대신할 다른 어떤 단어가 있는지 모르겠어요. 그러나 누군가가 다른 말을 좀 생각해 줬으면 좋겠어요."

아이를 영재라고 부르는 것은 주의하지 않으면 문제를 일으킬 수도 있다. 임상심리학자이자 버지니아(Virginia) 대학의 교수인 듀

이 코넬(Dewey G. Cornel)의 연구에 따르면, 부모들이 영재아라는 명칭을 강조하지 않는 것이 더 낫다고 한다. 부모들이 드러내 놓고 영재라고 부르는 아이들은 자신의 이미지를 좋아하지 않으며, 또래에게 덜 선호되는 경향이 있고, 불안, 스트레스, 우울, 행동 문제를 더 많이 보이는 것으로 나타났다.

코넬에 의하면 이러한 어려움은 아이의 인격 중 일면만을 너무 강조하고, 지나치게 많은 기대를 가지고 있는 부모들에게서 비롯된다고 한다. 부모가 이러할 때 아이는 자신의 가치는 오직 영재이기 때문에 존재한다고 생각할지도 모른다.

코넬은 자녀를 영재라고 부르는 것에 신중해야 하며, 원만하고, 친절하며, 협조적이고, 다정한 아이가 되도록 도와주라고 충고한다. 그의 연구에서는 이러한 부모를 둔 아이들은 다른 아이들에 비해 문제가 적은 것으로 나타났다.

영재아라 불리는 것에 대한 부모들의 생각

- "영재라고 불리는 것이 부모들에게나 아이들에게 최고의 관심사는 아니라고 생각해요. 그것은 자만심과 엘리트 의식을 조성하고, 아이들의 영재성을 입증하기 위해 우수해야 한다는 압박감을 가중시킨다고 생각해요."
- "영재 프로그램에 참여하지 못하는 자녀를 둔 부모들은 영재라는 꼬리표가 문제가 있다고 생각하지만 저는 그렇게 생각하지 않아요."
- "우리 아이는 자신에게 매우 엄격한 아이예요. 자신이 영재라는 것에 만족스러워하는 것 같기도 하고, 난처해하는 것 같기도 해요."

• "제 생각에는 영재라는 말 때문에 또래들이 안 좋게 생각하는 것 같아요. 영재라는 말 대신 더 나은 용어가 있었으면 좋겠어요."
• "교사가 그 아이들에게 더 많은 관심을 가지게 되고, 도전적인 활동을 할 수 있도록 더 많은 기회가 주어지는 것 같아요."

간과되는 영재아들

어떤 영재아들은 교사가 그들의 재능을 나타내는 신호를 알아차리지 못해 간과되기도 한다. 만약 여러분의 자녀가 다음에서 제시하는 내용에 해당된다 하더라도 표준화된 검사에는 아이의 능력이 나타나지 않을지도 모른다. 영재성은 항상 겉으로 나타나는 것은 아니다. 부모들은 학교 수업이 자녀들의 학업적 요구에 잘 맞는지 항상 주의 깊게 살펴볼 필요가 있다. 모든 아동은 새로운 것을 배우고, 어려운 문제를 해결할 방법을 배울 권리가 있다. 영재아들이 자신의 요구에 맞는 보살핌을 받지 못하면 기대보다 낮은 성적을 내거나 뒤처지고 심지어는 낙제할 수도 있다. 『영재로 자라기(Growing up Gifted)』의 저자인, 바바라 클라크(Barbara Clark)는 영재아들은 도전적인 학습과 그들의 발달 수준과 재능을 향상시킬 수 있는 학습에 참여해야 하며, 그렇지 않을 경우 퇴보된다고 말한다.

자녀들이 참여하고 있는 활동과 그 활동들의 목적이 무엇인지를 기록하라(만약 모른다면 아이에게 물어보라). 아이가 특정한 관심을 지속적으로 유지하는가? 아이의 능력이 당신을 놀라게 하는가? 이러한 정보를 영재 프로그램 조정자나 아이의 교사나 교장에게 제공하도록 하라.

에너지가 넘치는 아이

에너지가 많은 아이가 좌절이나 압력에 대한 인내 수준이 낮다면 이것은 문제의 신호가 될 수 있다. 많은 어린 남자아이들은 직접 만져 봄으로써 배운다. 이 아이들은 꾸준히 앉아서 연필과 종이로 교사가 요구하는 과제를 해내는 것을 힘들어한다. 이런 아이의 경우, 교사가 아이의 지능을 판단하기 어려우며, 교사가 아이들의 특성에 맞추어 수업하는 것이 어렵게 된다. 영재아들은 학교 밖에서 영재성을 더 잘 발휘하는 반면, 교실에서는 주의력 결핍 및 과잉행동장애(Attention Deficit Hyperactivity Disorder: ADHD)처럼 보이기도 한다. 활동적인 영재와 ADHD는 그 특징이 매우 유사하므로 구별하는 데 어려움이 있다. 다음에 제시되는 질문에 대해 생각하면서 여러분의 자녀를 살펴보라.

- 하루 중 특정 시간에만 그러한 행동이 나타나는가? 아니면 특정 활동 중에 나타나는가? 그렇지 않으면 특정 환경에서, 아니면 특정 사람에게만 나타나는가?

  영재아들은 전형적으로 모든 상황에서 문제행동을 나타내지는 않는다. 특정 교사에게 ADHD 증상을 나타낼 수 있으나 다른 사람에게는 그렇지 않을 수도 있다. 통상적인 수업에서는 행동적 문제를 나타내지만, 음악이나 스카우트 활동에서는 그렇지 않을 수 있다. 반면, ADHD를 가진 아동은 전형적으로 모든 장면에서 문제행동을 나타낸다. 그리고 특정 상황에서 보다 빈번히, 강하게 나타난다.

❖ 흥미 있는 활동을 할 때 집중할 수 있는가?

영재아는 종종 수업에 집중하지 못할 때가 있다. 수업이 지루하거나 자신의 학습 양식에 맞지 않을 때 혹은 교육과정과 맞지 않을 때 집중하지 못한다.

❖ 아이의 적절하지 못한 행동 문제를 고치기 위해 교육과정을 변경한 적이 있는가?

영재아는 대개 교사나 그 과목을 좋아할 때 또는 수업 내용이 도전할 만한 것이면 지속적인 노력을 기울이고 높은 수행을

나타낸다. 어떤 영재아들은 스스로 높은 기준을 세우고, 그것에 맞는 결과물을 내기 위해 엄청나게 집중한다. 그러나 ADHD 아동에게 이런 일은 일어나지 않는다.

❖ 영재아의 부적절한 행동 문제가 부적절한 반 배치, 너무 쉬운 과제 혹은 자신과 맞는 지적인 동료가 없기 때문은 아닌가?

영재아들이 또래에 비해 보다 쉽고 빨리 배운다면 그들은 수업시간의 절반 이상을 다른 사람이 끝마칠 때까지 기다리는 시간으로 보내고 있을지도 모른다. 너무 쉽거나 느리게 진행되는 수업에 대한 영재아의 반응이 교사의 입장에서 자칫 버릇없고 신민하게 보일 수도 있는 것이다.

❖ 문제행동에 관해 아동 자신은 어떻게 생각하는가?

영재아들은 규칙과 규범을 따르는 것에 어려움을 느낄 수도 있다. 그들은 의문을 제기하고, 힘겨루기를 하려 하며, 자신과 맞지 않는 체계 때문에 화가 나게 되는 것이다.

❖ 아이는 자신이 통제 불능이라고 느끼는가? 부모들도 이러한 아동을 통제할 수 없다고 느끼는가?

영재아의 행동은 대체로 특정한 목적을 두고 직접적으로 혹은 단편적으로 나타난다. ADHD 아동의 문제행동은 보다 지속적으로 나타난다.

아동이 영재인지 ADHD를 가지고 있는지, 또는 영재성과 ADHD를 모두 가지고 있는지를 판단하는 것은 매우 어려우며, 이를 이해하기 위해서는 포괄적인 개인적 평가가 필요하다. 아이와 라포(rapport)를 형성한 전문가가 지능검사와 성취도 검사 그리고 인성검사를 포함하는 여러 평가 도구를 아동에게 실시하는 것이 바람직하다. 그리고 교사와 부모의 평정척도와 관찰 자료를 고려하는 것이 좋다. 일부 검사들을 통해 아이가 학습장애를 가지고 있는지 알아볼 수 있으며, 성격검사의 결과로 문제행동을 야기하는 정서적 문제(예: 우울, 불안)를 확인할 수 있다. 평가의 결과는 아이에게 맞는 교육과정과 교수방법을 고안하는 데 반영되어야 한다. 이는 아이가 가지고 있는 사전 지식이나 아이 자신만의 학습 양식을 인정하는 맞춤형 수업을 의미한다.

자신의 자녀가 영재일 수도 있다는 사실에 대해 말하는 것을 두려워할 필요는 없다. 많은 전문가들은 영재교육에 관한 훈련이나 경험이 없을 수도 있으며, 어쩌면 부모가 정확한 진단의 열쇠를 가지고 있을지도 모른다.

영재 여아

영재 여아는 보통의 다른 여아와 어떻게 다른가? 모든 소녀들은 그들의 자유와 발달에 관한 지원을 받을 권리가 있다. 그러나 사회에서 여자 영재아들의 영재성을 반드시 가치 있는 것으로 받아들이지는 않기 때문에 더욱 세심하게 지원할 필요가 있다. 같은 행동을 하더라도 남자아이나 남성이 하면 자연스럽게 받아들이는 반면에 능력 있는 여아나 여성에 대해서는 공격적이며 여성답지 못하고 억세거나 무례한 것으로 보는 사회적 편견이 있는 것이 사실이다. 불행하게도 성 역할에 대한 고정관념은 여전히 존재하며, 중학교와 고등학교 시기에는 증가하게 된다. 어떤 소녀들은 자신이 사귀고 싶은 사람이 학교 성적이 좋지 않을 때는 자신이 우수하다는 사실을 숨기려고 한다. 부모는 딸에게 재능을 계발할 수 있는 기회를 주는 것으로 어느 누구보다 많은 영향을 미칠 수 있다. 영재 여아가 자신의 재능을 사용하고 계발할 수 있는가의 여부는 기대와 기회 그리고 문화적 가치가 중대한 영향을 미친다.

영재 여아는 자신의 능력과 자기 이미지 간에 모순된 생각을 가지고 있는 경우도 있으며, 이럴 때는 도움을 주어야 한다. 그들의 뛰어난 성취는 평가절하될 수도 있다. 그들은 뛰어난 능력을 가지고 있음에도 충분히 발휘하지 못할 수도 있으며, 오히려 자신이 능력이 없어서라며 자신을 비난할 수도 있다. 학교에 관심이 없어지고 사회적으로 두각을 나타내고자 하는 경우에는 긍정적 혹은 부정적 방법으로 리더십을 보여 주기도 한다. 이러한 모든 행동들은 도움을 요청하는 신호다. 부모와 교사들은 다음과 같은 방법으로 영재 여아를 도와줄 수 있다.

- 아이의 말을 들어 주라. 아이가 자신의 영재성을 받아들이고 깨닫도록 도와주라.

- 아이가 자신의 능력을 가치 있게 받아들여 줄 친구를 찾도록 도와주고, 또래의 압력으로 인해 힘들어하는지 살펴보라.
- 역할모델을 찾을 수 있도록 도와주라. 여성 영재의 전기문을 읽게 하라. 사회를 변화시킨 여성을 찾아보라.
- 성 역할에 대한 고정관념을 가지지 않게 하라. 아이가 원하면 자동차와 블록을 가지고 놀게 하라.
- 활동을 장려하라. 과잉보호하지 마라.
- 아이가 실수하고 실패하더라도 이해하라. 힘든 시간을 겪고 있을 때 옆에 있어 주라.
- 전형적인 여성의 영역뿐만 아니라 과학이나 수학에도 흥미를 가지도록 장려하라.
- 텔레비전 광고나 영화, 오락, 비디오 또는 문학에서 접하게 되는 성 역할의 고정관념에 관해 토론하라.
- 가사에 남녀 차이를 두지 말고 분담하라. 아들이든 딸이든 모두 음식을 할 수 있고, 빨래를 할 수 있으며, 세차를 할 수도 있다.
- 아버지와 할아버지 그리고 다른 남자 친척이나 친구와 시간을 보내게 하라. 전형적인 남성들의 일이나 놀이라 하더라도 모두 즐길 수 있도록 허용하라.
- 당신이 아이의 능력을 존중한다는 것을 아이가 알고 느끼도록 하라. 아이로 하여금 어떠한 것에 몰입하게 하고, 그것을 추구하게 하라.

장애를 가진 영재아

토머스 에디슨(Thomas Edison), 헬렌 켈러(Helen Keller) 등 특별한 재능을 가진 많은 사람들이 장애를 가지고 있었다. 에디슨의 어머니를 생각해 보자. 학교가 자신의 아들을 포기했지만 그녀는 아들을 포기하지 않았다. 그녀는 에디슨을 가정에서 교육시켰으며, 심지어 아들을 위해 헛간에 실험실을 만들어 주었다. 에디슨의 어머니처럼 자녀를 위한 지원자가 되어야 한다.

'학습장애가 있는 영재 학생(twice-exceptional students)'이란 높은 영재성이나 재능을 갖고 있어 뛰어난 성취를 이룰 수 있지만, 그들이 갖고 있는 장애로 인해 학업상에서 어려움을 겪는 학생들을 말한다. 이러한 학생들 중 일부는 발견되고 그에 맞는 교육적 서비스가 이루어지기도 하지만, 이들 대부분은 특히 학습장애(Learning Disabilities, Learning Difference: LD)를 가진 학생들은 영재 판별 과정에서 탈락된다.

많은 장애 영재 학생들은 검사상에서 눈에 띨 만큼 떨어지지는 않는다. 그런데 오히려 이것이 중요한 문제를 야기한다. 그들은 흔히 게으르다거나 잘 잊어버린다거나 노력하지 않는 아이쯤으로 여겨진다. LD를 가진 영재아들은 일찍부터 판별되고, 그에 맞는 적절한 도움을 받아야 한다. 이들에게는 다른 장애아와 비교할 수 있도록 특별히 설계된 검사를 할 필요가 있다. 이러한 검사 결과를 가지고 학교는 장애 영재아의 특성에 맞는 프로그램을 설계하기 위해 부모나 관련된 사람들과 협력할 수 있다. 이러한 아동에게는 가정교사, 일관성 있는 프로그램, 또래 집단의 지원, 멘토 관계 형성, 통합학습, 개별적 관심 그리고 다정한 말 등이 필요하다. 이들에게는 잔소리가 아닌 솔직하고 긍정적인 조언과 격려가 필요하다. 할 수 없는 것보다는 할 수 있는 것에 초점을 맞추는 것이 가장 중요하다. 영재이면서 학습장애를 가진 아동들을 최소한 다음의 세 가지 유형으로 나누어 볼 수 있다.

첫 번째는 영재로 판별되었으나 학교에서는 성적이 뒤떨어진 학생이다. 이러한 학생들이 미성취아가 되는 것으로 생각된다. 그들의 학업적 미성취는 낮은 자아개념, 동기 부족, 심지어는 게으름 때문이라고 지적받을 수도 있다. 학습장애가 인식되지 않은 상태에서는 학교에서 학업이 점점 어려워지기 때문에 또래 수준 이하로 뒤처지게 된다. 급기야 장애를 의심받거나 더 이상은 영재가 아닌 것으로 간주된다.

두 번째는 학습상의 어려움으로 인해 학습장애로 판별되었으나 영재성은 전혀 인정되지 않은 영재 학생들이다. 이런 학생들은 우리가 알고 있는 것보다 훨씬 더 많다. 코네티컷 스토스(Connecticut-Storrs) 대학에서 이루어진 연구에 따르면, 학습장애로 판별된 아동 중 33%가 뛰어난 지적 능력을 가지고 있는 것으로 나타났다. 그들은 학습장애로 인해 평균보다 낮은 IQ 점수를 나타내고, 다른 종류의 검사에서도 낮게 평가되어 전체적으로 지적 능력이 낮은 것으로 과소평가된다. 이러한 학생들의 잠재력은 인식되지 않고, 그래서 이들을 위한 교수 프로그램에 이 학생들의 잠재력은 전혀 고려되지 않는다. 실제로 이들에게 맞는 영재교육 서비스를 받는 일은 극히 드물다.

세 번째는 재능과 장애가 서로 가려져 있는 경우로 학습장애를 가진 영재 학생 중 가장 많은 학생들이 여기에 속한다. 이러한 아동은 영재교육 서비스뿐 아니라 학습장애를 위한 교육 서비스도 받지 못하고 있다. 그들은 자신이 속한 학년 수준은 되기 때문에 사람들은 보통 정도의 능력을 가진 아이라고 생각하며, 이 아이들이 특별한 문제를 가지고 있거나 특별한 요구가 있는 아이라고 생각하지 않는다. 그러나 안타깝게도 그들은 자신들의 잠재력에 못 미치는 학업 성취를 보여 준다. 그리고 학업에서 더 많은 어려움을 겪게 된 후에 뒤늦게 학습장애를 의심하게 된다. 그들의 특수한 제한점을 극복하기 위한 도움은 없는 상태에서 그들의 학습적 문제는 점점 증가하게 된다. 이러한 유형의 학습장애를 가진 영재아의 진정한 잠재력을 알아보고 인정하는 경우는 지극히 드물다.

비록 불가능하지는 않더라도 학습장애를 가진 영재아들의 모든 특성을 정의하고 분류하는 것은 어려운 일이다. 다음은 이러한 아동들을 판별할 때 고려해야 할 사항이다.

- 뛰어난 재능이나 능력을 보여 줄 만한 증거
- 기대되는 바와 실제 성취 간 불일치의 증거
- 정보처리 결함의 증거

학습전략과 기술 가르치기

학업에 재능이 있지만 학습장애를 가진 영재아들을 위해서는 프로그램 유형이나 학습 상황과 관계없이 아동의 약점보다는 강점에 맞춘 교육과정이 필요하며, 학업에서 성공적인 경험을 갖도록 하기 위해 다양한 전략을 사용하고, 프로그램을 조정하는 것이 필요하다. 교사는 학생에게 의미 있는 과제 만들기, 큰 과제를 작은 단위로 나누어 제시하기, 적절한 칭찬, 또래 교사, 협동학습 등의 학습전략을 사용하여 이들을 도울 수 있다. 장애를 극복하고 성공한 성인을 역할모델로 보여 줌으로써 인생의 목표를 세우고, 자아존중감을 높이도록 돕는 것도 중요하다.

학습에 필요한 기술(skill)을 사용할 수 있도록 특별한 교육적 조정을 하는 것이 영재 학생이 학습장애를 극복하고 자신의 강점을 계발하는 데 도움이 될 수 있다. 쓰기나 철자에 어려움이 있는 학생을 위해서는 워드프로세서 프로그램을 사용하도록 하면 자신의 생각을 표현할 수 있도록 도와준다. 계산에는 어려움이 있으나 수학적 문제해결 능력은 엄청난 학생에게는 계산기가 성공의 열쇠가 된다. 또래 교사, 시간제한이 없는 시험, 녹음기 등은 통상적으로 과제를 수행하는 것이 불가능한 아동에게 도움이 된다. 이러한 아동들에게는 새로운 학습 주제에 참여하게 해 주어야 하며 자신만의 사고와 정보처리 과정에 대해 알 수 있도록 해 주어 학습 기술을 개발시켜 주어야 한다.

학습장애가 있는 영재 학생을 판별하고 중재하기 위한 계획을 세우기 위해 개별 지능검사, 성취도 검사, 인지처리 과정 검사 및 행동 관찰을 포함하는 종합적인 평가가 필요하다.

다음에 제시되는 문제점들은 영재를 판별하는 데 방해가 되는 요소들이다.

- 암기, 수학적 요소의 학습, 맞춤법, 읽기, 시간제한이 있는 시험을 어려워하고 두 단계 이상의 지시 사항을 기억하기 어렵다.
- 과목들 간의 점수 차이가 크고(언어에서는 높은 점수, 수학에서는 아주 낮은 점수), 시험을 치를 때마다 점수의 차이가 크거나(오늘은 높고, 내일은 낮음) 혹은 집과 학교에서 행동 간의 차이가 크다.
- 운동 협응력이 부족하다.
- 특히 3세 이전에 반복되는 귀의 염증은 아동의 청력 문제를 야기하며, 그 결과 학습 문제가 발생될 수 있다.
- 쉬운 것은 잘 완수하지 못하지만, 어려운 개념은 쉽게 이해한다.
- 자아개념이 불분명하다. 자신이 어리석다고 느낀다.
- 알레르기가 있다.

영재와 장애에는 많은 유형이 있기 때문에 학습장애를 가진 영재 학생 또한 다양한 유형이 있다. 그들의 공통적인 특징은 불일치(discrepancy)다.

다양한 문화권의 아이들

다른 문화권에서 와서 언어를 배운 아이는 자국의 언어가 교사들이 사용하는 언어와 다르고, 교사의 문화와는 다른 문화를 가지고 있기 때문에 영재 판별에서 간과될 수 있다. 그들이 영재라고 하더라도 사회의 주류 문화권의 기준에 의한 측정으로는 드러나지 않을 수 있으며, 이로 인해 그들은 자아존중감에 상처를 받을 수 있다.

만약 이런 일이 당신의 자녀에게 일어났다고 생각되면, 아이의 교사에게 이에 대해 이야기해야 한다. 아이가 특별한 능력을 보이는 구체적인 가족 활동이나 학교 밖 활동에서 성취한 것들에 관해 교사에게 이야기하고, 이런 종류의 정보를 계속 알리는 것이 좋다.

스페인어를 사용하는 가정의 어린 소녀인 사라는 IQ는 높았지만 외국어인 영어를 잘하지 못했으므로 교사는 그 아이가 얼마나 영리한지 몰랐다. 그 당시 사라는 2학년이었는데 많은 성경 구절을 기억하고 있었으며 교회 연극에서 주연을 맡았다. 교사는 사라의 어머니가 이러한 활동에 대해 이야기할 때까지 전혀 모르고 있었다.

아이가 집에서 쓰는 주 언어와 학교에서 사용하는 언어가 다를 때 교사들은 당분간 언어 능력에 대한 질문을 접어 두어야 한다. 다음에서 제시하는 특성을 지닌 학생은 그 학생이 사용하는 언어가 무엇이든지 간에 영재로 판별될 가능성이 있다.

- 독립적으로 행동한다.
- 비언어적인 방법을 포함하여 자신의 생각을 전달하는 방법을 알고 있다.
- 리더십과 주도성을 나타낸다.
- 상상력이 풍부하다.
- 융통성 있게 문제에 접근한다.
- 추상적으로 사고할 수 있다.
- 학습 속도가 빠르다.
- 정보와 아이디어를 잘 기억하고 사용한다.
- 남다른 호기심을 보인다.

영재 유아

아이들이 알고 있는 지식을 검사로는 정확히 측정할 수 없기 때문에 유아들은 영재 판별 과정에서 간과되는 경우가 많다. 영재교육 전문가들은 대부분 유아교육 전문가는 아니며, 유아교육 전문가는 또한 영재교육 전문가는 아니라는 데서 문제는 더 복잡해진다. 미국의 경우도 유아 영재 프로그램에 자금을 지원해 주는 경우는 거의 없다. 그러나 영재아로 판별되어 적절한 교육이 주어지는 시기가 빠를수록 잠재력을 최대한 더 많이 계발시킬 수 있다. 유아들은 특별한 교육과정의 혜택을 받지 못하고 보통 학급의 수준에 맞추어 학습하게 됨으로써 그 이상의 수준을 넘어서지 못하게 되는 경우가 대부분이다. 대부분의 학교가 영재 프로그램에 참여할 아동을 선발하는 절차를 3학년에 시작하기 때문에 이러한 경우는 3학년 이전에 자주 발생한다.

저소득층의 아동

저소득층의 부모는 생업 때문에 힘이 들기 때문에 자녀가 영재인지 아닌지에 대해 많이 생각할 여유가 없다. 일 때문에 하루 종일 바쁜 부모가 좋은 영재교육 프로그램에 자녀를 참여시키려고 노력한다는 것은 너무나도 힘든 일일 것이다. 현명한 교사와 연계된다면 이러한 어려움에서 벗어날 수 있다. 가난한 가정에서 자라 성공한 많은 사람들은 과거에 그들의 능력을 알아보고 특별한 격려와 기회를 제공한 교사에게서 영향을 받았다고 말한다.

저소득층 가정의 영재 학생은 다음의 다섯 가지 영역 중 한 가지 이상에서 우세한 능력을 나타낸다.

학 습 그들은 유창한 언어와 높은 수준의 어휘를 사용하며, 다양한 주제에 대한 정보를 많이 가지고 있고, 인과관계에 대한 빠른 통찰력과 빠른 이해력 및 세심한 관찰력을 가지고 있다.

동 기 그들은 강한 집중력과 조직화 능력을 보여 준다. 그들은 자기비판적이며, 자기주장이 강하고, 고집이 세고, 스포츠와 음악, 구체적인 정보에 동기가 부여된다.

리더십 그들은 지배적이고 주도적이며, 책임감이 강하다.

다른 사람들이 리더라고 여기고, 새로운 상황에 쉽게 적응하며, 다른 사람과 함께하는 것을 즐긴다.

창의성 그들은 재기 넘치며, 모험심이 있다. 또 유머감각과 호기심이 많으며, 즉흥적으로 많은 아이디어를 내는 사람으로 알려져 있다. 색채와 디자인에 대한 감각이 예민하고, 예술적 이해와 신체적 조절 능력이 뛰어나다.

적응력 학교생활에 잘 적응하고, 외부 활동도 책임감 있게 잘 해내며, 복잡한 생활환경이나 제한된 자원으로 인해 생긴 문제를 잘 다룬다. 성숙한 판단력과 추론력이 있으며, 특정 상황에서 다른 상황에서 학습한 것을 응용할 수 있다. 또 다른 사람들이 잘 알지 못하는 분야에 박식하다.

영재교육 대상에서 탈락되는 아동들

교사가 영재아를 판별하는 것에 관해 훈련받지 않았을 경우, 다음과 같은 특징이 있는 영재아들은 영재교육 프로그램 대상에서 탈락되는 경우가 있다.

- 일상적인 과제에 지루해한다.
- 기계적 반복을 요하는 작업이나 숙제를 안 하려고 한다.
- 실패나 실수에 관해 자기비판적이며 못 견뎌 한다.
- 한 주제에서 다른 주제로 넘어가는 것을 어려워한다.
- 다른 사람, 특히 자신을 통제하는 권위적인 인물이 멍청하다고 생각될 때 비판적이다.
- 부적절한 때에 익살을 부리거나 농담을 한다.
- 윗사람과 의견이 다를 경우, 그것을 말로 표현한다.

- 정서적으로 너무나 예민하기 때문에 어떤 일이 잘못되면 과민반응을 보인다.
- 세부적인 것에는 관심이 없으며, 과제를 엉망으로 해낸다.
- 고집이 세고, 관행에 순종하지 않는다.
- 주도권을 장악하고, 다른 사람을 지배하는 경향이 있다.

영재 판별의 방향

영재아 판별에서 잘못 평가된다든지 간과되는 아이가 생기지 않도록 노력한다 하더라도 어쩔 수 없이 실수는 생긴다. 영재아와 재능 있는 아이에 대한 정의가 시대와 문화에 따라 달라질 수 있기 때문이다. 학교에서는 참된 영재성을 판별한다기보다는 학생들의 교육적 요구를 확인하고 그에 맞는 프로그램을 실시할 뿐이다.

옛날에는 수렵이 굉장히 중요한 기술이었다. 하지만 오늘날 어떤 사람들은 사냥은 야만적이라고 생각하는 하나의 스포츠일 뿐이다. 예언가, 운동선수, 연예인은 모두 특정 시대와 특정 문화권에서는 존중받아 왔으나 다른 시대나 다른 문화권에서도 항상 그런 것은 아니다.

오늘날 우리가 IQ와 창의성을 높이 평가한다면 미래에 우리가 창출하게 되는 것은 무엇일까? 우리 사회가 돈과 스포츠 그리고 연예 분야에만 관심을 가진다면, 우리가 우리 아이에게 보내는 메시지는 무엇일까? 우리가 찾는 영재는 어디에 있는가?

영재교육 프로그램을 위한 판별과 이와 관련한 최근의 연구에서 우리는 학생들이 다양한 방식으로 영재성을 보여 주며, 이를 판별하기 위해 보다 다양하고 신뢰할 만한 평가 방식이 필요하다는 것을 알 수 있다.

지능과 성취도 검사 점수에 전적으로 의존하는 대신 관찰이나 포트폴리오와 같은 비전형적인 측정을 포함하는 다양한 준거가 사용되어야 한다. 영재교육 분야의 많은 전문가들은 이러한 실천들이 우리 사회의 다양성을 보다 잘 반영하여 영재아를 판별하는 데 도움이 될 것이라고 믿고 있다.

보충 정보를 위한 참고문헌

American Association of University Women Report: How Schools Shortchange Girls by the American Association of University Women Educational Foundation (New York: Marlowe & Company, 1995). A report on gender stereotyping in schools. The executive summary and report are available online at *www.aauw.org*.

Exceptionally Gifted Children by Miraca Gross (New York: Routledge, 1995). A look at exceptional giftedness with stories of real children.

Frames of Mind: The Theory of Multiple Intelligences by Howard Gardner (New York: Basic Books, 1993). An intelligent discussion of the different ways people think and can excel.

Growing Up Gifted: Developing the Potential of Children at Home and at School by Barbara Clark (New York: Prentice Hall, 2001). Packed with detailed information on all aspects of giftedness and gifted education.

In Their Own Way: Discovering and Encouraging Your Child's Multiple Intelligences by Thomas Armstrong (New York: Jeremy P. Tarcher, 2000). A clearly written guide aimed at parents and teachers.

Keys to Parenting the Gifted Child by Sylvia Rimm (Hauppauge, NY: Barrons, 2001). Practical advice on working with schools and managing the problems of parenting gifted children.

LD Online offers many helpful articles on what it means to have LD and be gifted. Visit *www.ldonline.org/indepth/gifted*.

Uniquely Gifted: Identifying and Meeting the Needs of the Twice Exceptional edited by Kiesa Kay (Gilsum, NH: Avocus Publishing, 2000). A book on twice-exceptional students that brings together chapters by parents, educators, researchers, and student themselves.

You Know Your Child Is Gifted When…A Beginner's Guide to Life on the Bright Side by Judy Galbraith (Minneapolis: Free Spirit Publishing, 2000). A light–hearted introduction to life with a gifted child.

우리가 아이들에게 가르치려고 하는 바로 그 순간에도
아이들에게 배울 것이 있다.
아이들이 우리에게 배우는 것처럼 우리도 아이에게서 배운다.

로버트 콜스(Robert Coles)

Chapter 3

영재 자녀와의 생활

- 영재아는 어떤 아이인가?
- 어떻게 하면 영재아에게 도움을 줄 수 있을까?

모든 아이는 특별하다. 그러나 영재아들에게는 몇 가지 공통적인 특징이 있다. 영재아는 대부분의 다른 또래에 비해 다르게 배우고, 다르게 행동하며, 다르게 반응할 수 있다. 당신의 자녀가 뭔가 특별히 마음을 사로잡는 행동, 조숙한 행동, 사람을 어리둥절하게 하는 행동을 한다면 의심할 여지가 없다. 아이의 예상치 못한 행동에 인상 깊었다거나 놀란 적이 있었을 것이다.

이 장에서는 영재들에게서 나타나는 공통적인 특징을 살펴볼 것이다. 이러한 영재의 특성에 대해 알아보는 것은 영재아의 특별한 요구를 충족시켜 줄 수 있도록 부모로서 최선을 다하는 데 도움이 될 것이다. 영재들은 다른 아이들과 비슷하지만 다르다는 것을 기억해야 한다. 아이가 장애가 있을 경우, 아이에게 부족한 기술이나 주의 깊게 살펴보아야 할 부분은 어떤 것인지에 대해서도 논의할 것이다. 영재들은 결핍되어 있다기보다는 뭔가를 더 많이 가진 아이이다. 이 '더 많이 가지고 있다는 것' 때문에 영재아들과 그 부모들까지도 많은 문제를 겪게 된다.

끝없이 질문하는 아이

영재는 지식에 굶주려 있다. 그들은 자기가 살고 있는 세계에 관한 정보를 알고자 한다. 어떤 영재아들은 모든 것에 관해 알고 싶어 한다. 그들은 메뚜기 같아서 이 주제에서 저 주제로, 여기에 관심을 가졌다가 저기에 관심을 가졌다가 한다. 또 어떤 영재들은 한 번에 하나의 특정 주제에 관해서만 알고 싶어 하고, 그 분야에서 전문가가 될 수도 있다. 그들의 질문에는 끝이 없다. 그들은 세상을 알기 위해 잠에서 깨어나 지쳐 쓰러질 때까지 정신은 계속해서 움직인다. 불이 꺼져도 그들의 질문은 계속된다. 영재아의 부모는 아이들이 무척 어렸을 때부터 그러했다는 것을 알 것이다. 많은 부모들이 이를 다음과 같이 표현한다. "우리 아이는 모든 것을 흡수하려고 하는 스펀지 같아요."

대답하기 어려운 것을 질문하는 아이

아이가 하는 질문 중 어떤 것은 답할 수 있을 것이고, 어떤 것은 누구도 정확한 답을 할 수 없는 것도 있을 것이다. 물론, 아이가 물어본 것이 당신이나 아이가 답을 찾아낼 수 있는 것일 때는 그나마 안심이 된다. 그러나 아이의 질문이 어린아이의 이해 수준을 넘는 경우는 이야기가 달라진다. 영리한 아이는 현명한 부모들이 답할 수 있는 것보다 더 많은 질문을 할 수도 있다.

- "별들은 떨어지면 어디로 가요?"
- "세상 사람들이 굶주리고 있는데 왜 미국에서는 농사지을 수 있는 모든 땅에 농사를 짓지 않는 거예요?"
- "나무 밑에서부터 눈이 녹고 다른 곳은 그렇지 않은 거예요? 나무가 열을 발생시키나요?"
- "왜 평범한 감기를 고치지 못하는 거예요?"
- "왜 우리는 전쟁을 하는 거예요?"

왜, 언제, 무엇을 위해서, 누가 그리고 어째서와 같은 질문 공세에 대비하기 위해 어떻게 해야 할까? 미리 관련 서적을 모으는 것이 좋다. 최신 연감, 지도책, 세계기록 백과, 상식 관련 서적, 사전, 유의어 사전 그리고 모든 종류의 백과사전을 모으도록 하라. 또 탐구에 도움이 되는 웹사이트를 찾아보라. 도서관에 갈 수 없을 때라도 언제든지 가능한 한 빨리 아이가 호기심을 충족시킬 수 있도록 도와줄 수 있을 것이다. 질문에 답할 때는 정직하라. 자녀의 나이에 맞추어서 다음과 같이 말할 수도 있다. "정말 좋은 질문이야. 많은 어른들도 그걸 궁금하게 생각해. 문제는 우리도 정확한 답을 알 수 없다는 거야. 넌 어떻게 생각하니? 내 생각은 어떤지 알고 싶니?"

활발하게 움직이면서 배우는 아이

영재와 그 부모들은 학습과 발견은 열정적인 활동 과정이라는 것을 안다. 실제로 어떤 영재아들은 너무나 활동적이어서, 주의력 결핍 및 과잉행동장애(Attention Deficit Hyperactivity Disorder: ADHD)로 오진되기도 한다. 이 둘의 중요한 차이점 중 하나는 영재들은 종종 자신들의 의문점에 대한 답을 찾기 위해 탐구욕을 나타낸다는 것이다. 그들은 복잡한 것을 좋아해서 어떤 것을 실제보다 더 어렵게 만들곤 한다. 그들은 세상을 더 잘 알고자 하는 목표를 이루기 위해 끊임없이 에너지를 사용하며, 정신적으로나 신체적으로 활동적이다.

이와 대조적으로, ADHD 아동은 특별한 목표나 목적 없이 활동적인 경향이 있다. 이들은 정신 역시 신체만큼이나 활동적이기 때문에 정신적 활동을 멈추고 잠자리에 드는 것을 어려워하는 영재아들이 많다. 또래 중 첫 번째로 낮잠을 포기하는 아이일 수도 있다. 그 에너지의 일부분을 사용할 수 있는 많은 활동과 상상할 수 있는 바깥놀이를 계획하라.

흥미 있는 대화나 재미있는 영화를 보고 난 뒤에 바로 잠자리에 들게 하지 말아야 한다. 흥분을 가라앉힐 시간이 필요하다. 누구나 다 아는, 편안하게 잠자리에서 듣는 이야기는 아이의 몸과 마음을 편안히 가라앉히는 데 도움을 준다. 부드러운 음악을 듣는 것도 도움이 된다.

언제, 무엇을 했는지 다 기억하는 아이

영재아는 일반적으로 기억력이 좋다. 그러한 기억력은 부모가 잊어버렸던 것(또는 잊어버리고 싶은 것)을 상기시키기도 한다. 어떤 어머니가 아이가 세 살이었을 때, 고속도로 통행 티켓을 잊어버렸던 일을 그 아이가 아홉 살 때 그 시간과 장소 그리고 속도를 정확하게 기억하고 있었다고 말한 적이 있다.

영재는 휴가 때 누가 자기에게 무엇을 주었는지, 어떤 약속을 했으나 그것이 지켜지지 않았다는 것 등을 몇 년이 지난 후에도 기억한다. 아이가 다음과 같은 말을 하는 것을 자주 들어 보았는가?

- "3주 전 목요일에 공원 놀이터에 가자고 약속했죠? 왜 안 가는 거죠?"
- "지난해 10월에 우리 선생님이 현장학습을 갈 거라고 말했어요. 그런데 우리는 안 갔어요."

아이에게 지킬 수 없는 약속은 하지 않는 것이 신뢰를 얻게 되는 길이다.

일찍 배우는 아이

반드시 그런 것은 아니지만 영재들은 또래에 비해 일찍 걷고 말하곤 한다. 몇몇의 무척 영리하고 지각이 예민한 아이들은 완전한 문장으로 대화할 수 있게 될 때까지 말을 하지 않거나 넘어지지 않고 잘 걸을 수 있을 때까지 기다린다. 이러한 아이들은 대개 한두 번의 반복만으로 쉽게 배운다. 심지어 듣지 않았으면 하는 정보까지 한 번 듣고 배워서 혼자서 사용한다.

만약 당신의 아이가 대부분의 영재와 같다면, 아마 마치 입에 모터가 달린 것처럼 좀체 입을 다물고 있지 않을 것이다. 이러한 아두 살 난 린과 어머니는 어머니의 친구 집에 방문했다. 어머니의 친구는 지하실에 박제 곰을 수집하고 있었다. 그 친구가 린에게 지하실에 내려가는 게 무섭지 않은지 물었을 때, 린은 6개월 전에 그 곰들을 마지막으로 봤고, 그때 곰들이 살아 있지 않았다고 말했다. 지하실에 내려가자 린은 곰을 세기 시작했다. 한 마리, 두 마리, 세 마리……. 모두 13마리의 곰을 막힘없이 끝까지 세었고 어머니의 친구는 놀라워했다.

이는 또래 아이들이 잘 모르는 수준 높은 단어를 사용하는 경향이 있어서 그런 어려운 말을 잘 이해하지 못하는 또래들과 어울리지 못하기도 한다. 예를 들면, 어린 영재가 놀이 친구들과 공룡에 대해 이야기할 때 일반적인 것보다는 그가 알고 있는 브론토사우루스, 스테고사우루스 그리고 티라노사우루스에 관한 구체적인 사실에 관해 이야기하고자 할 것이다.

영재들은 어려운 단어를 듣기만 하는 것이 아니라 이해하기도 하며 정확한 문맥에 적용할 수 있다. 어떤 세 살 난 아이가 침대 근처에서 자러 가지 않으려고 꾸물대고 있었다. 어머니가 무얼 하느냐고 물으니 그 아이는 "나는 형세를 관망하고 있어요."라고 대답했다.

비동시적 발달

영재는 정서적 연령, 신체적 연령, 지적 연령이 각각 다를 수 있다. 많은 영재들이 또래 친구들 따로, 지적 수준이 맞는 친구들이 따로 있다.

영리한 아이들은 함께 놀고 생각을 공유할 자신과 같은 친구들이 필요하다. 많은 아이들 속에 몇몇 영리한 아이들이 있을 때 그들은 서로를 찾고 강한 유대감을 형성하는 것을 볼 수 있다.

이러한 아이들은 또래 아이들의 정신적 수준이 자신과 맞지 않으면 자기보다 나이 많은 누군가를 가장 친한 친구라고 말한다. 매우 영리한 다섯 살의 아이가 "그 형은 재미있는 일을 많이 생각해."라고 말하며 아홉 살의 아이와 어울려 다니는 것을 흔히 볼 수 있다. 그러나 이 아홉 살짜리 친구가 공원에 가려고 할 때 다섯 살인 이 아이는 도로를 재빨리 건너지 못해 문제가 될 수도 있다. 아홉 살짜리 아이는 두발자전거를 타고 재빨리 도로를 건너면서 어린아이를 뒤에 둔 채 먼저 가 버릴 수도 있다. 이것은 대학 2학년생을 최상의 친구로 생각하고 있는 4학년 학생의 경우도 마찬가지다. 이 둘은 컴퓨터를 좋아하는 공통점이 있지만 4학년은 대학생의 활동에는 관심이 없으며, 또 그 활동에 참여할 수도 없다. 아이가 열 살이 되면 새로운 상황과 문제들이 드러난다. 지적으로 수준이 맞는 친구들은 데이트와 드라이브를 하고, 술자리 등을 갖게 되지만 아이는 감정적으로나 법적으로 그런 것을 할 만한 단계가 아니다.

한 학년을 월반하거나 혹은 여러 학년을 월반한 영재의 경우에 이러한 불일치로 인해 더 많은 고통을 받는다. 신체적으로는 뒤지거나 잘 따라가지 못할지도 모르지만, 지적으로는 한 학급의 친구들보다 앞서 있을 수 있다. 사회적으로 또는 정서적으로 앞서 있을 수도 있고 뒤처져 있을 수도 있다. 청소년기가 되면 영재아들은 자신이 뭔가 다르다는 느낌이 더욱더 강해진다. 반면, 다른 사람들에게 인정받고 싶다는 압박감도 더욱 커진다. 무엇보다도 부모가 자기를 사랑하고 이해하고 있다는 느낌을 가지는 것이 가장 중요하다.

영재아들에게 가장 힘든 두 시기는 취학 전 시기와 청소년기다.

취학 전 시기 자신이 뭔가 다르다는 것은 알지만 정확히 그것이 무엇인지는 모르는 시기다. 심지어 그들은 자신을 '바보' 라고 잘못 생각하기도 한다.

청소년기 또래의 압력이 매우 강한 시기이므로 10대 영재아는 또래들과 같아야 한다는 압박감을 가진다. 때로는 학습적으로 뒤처지는 미성취아가 되기도 한다.

아동의 지적 연령과 정서적 연령 간의 차이로 인해 가정에서 문제가 발생하기도 한다. 아이는 자기 나이에 맞는 행동을 했는데도 부모는 아이에게 "나이에 맞게 행동해."라고 말할 수 있다. 어린아이다운 어리석은 행동이 그 예가 될 수 있다. 부모들은 다른 아이가 했으면 너그럽게 봐줄 수 있는 행동조차도 영재인 자신의 자녀가 그런 행동을 하면 어리석은 짓을 했다고 꾸짖을 수 있다.

아이는 아이다워야 한다고 믿고 있는 성인들도 영재는 '더 잘 알고 있어야 한다.'고 생각한다. 다섯 살짜리 아이가 4학년 수준의 책을 읽고 수학 문제를 푼다 할지라도 그 아이는 다섯 살일 뿐이다. 아이는 엄지손가락을 빠는 버릇이 남아 있을 수 있으며, 신발끈이 풀려 있을 수 있고, 아기 같은 행동을 하기도 한다.

영재가 더 많이 알고 있을 것이라는 생각으로 아이 같은 행동을 한다고 아이를 꾸중해서는 안 된다. 영재성이 체벌과 관련되면 영재성은 대부분 숨어 버린다. 아이가 원하는 한 아이인 채로 내버려 두라. 당신보다 앞서 이러한 길을 걸어온 부모들의 말을 기억하라. "아무것도 모르던 조그만 아이가 자라서 마음의 준비를 하기도 전에 부모의 품을 떠나 버립니다."

바쁜 생활 속에서도 한 번씩 아이 같은 행동을 해 보고 싶었던 적이 있을 것이다. 한 영재 고등학생은 그런 마음을 한마디로 표현했다. "만약 아이가 어렸을 때 아이 같은 행동을 하는 것을 내버려 두지 않으면 커서 아이처럼 놀고 행동하려고 할 겁니다. 그건 좀 맞지 않는 행동이잖아요?"

운동 능력의 차이

나이가 어린 영재아들의 손재주(소근육 운동기술)는 또래 아이들보다 뛰어나지 않을 것이며, 또래보다 뒤떨어질 수도 있다. 아이의 이해력과 지식수준이 손을 사용하는 능력보다 훨씬 앞서 있기 때문에 이것이 아이에게 좌절감을 줄 수도 있다.

영재아들의 필기 솜씨는 교사가 기대하는 것만큼 훌륭하지 않을 수 있다. 영재들은 자신의 생각이 연필로 쓰는 것보다 훨씬 더 앞서 있기 때문에 느리게 쓰고, 쓰는 것을 짜증스러워하며, 쓰는 것에 의욕이 없다. 쓰기에 싫증을 낼 때는 아이의 아이디어를 녹음해 보는 것을 고려하라. 녹음한 것을 받아쓰게 하고, 삽화도 그려 보게 하라. 일단 키보드를 익히고 나면 실수를 수정할 때 지루한 시간이 줄어들기 때문에 아이는 뭔가를 할 때, 특히 창의적인 작업을 할 때 컴퓨터가 매우 편하다는 것을 알게 될 것이다.

찰흙 모형 만들기, 핑거페인팅 또는 구슬이나 시리얼 꿰기 등과 같은 놀이를 통해 소근육을 발달시키도록 도울 수 있다. 아마도 아이는 구속받는 것을 싫어하고 정해진 방법대로 하지 않으려고 할 것이다. 그럴 때는 아이가 미술 재료를 활용하여 표현의 자유를 만끽하도록 해 주는 것도 좋고, 손으로 글씨 쓰는 것을 예술(서예와 같은)로서 가르치는 것도 좋은 방법이다. 글씨 쓰기를 고문으로 여기기보다는 글자 형태 만들기에 도전하는 것에서 재미를 느낄 수도 있다. 모든 종류의 신체적 활동은 아동의 운동감각 기술을 향상시키는 데 도움이 된다.

꼬치꼬치 따지는 아이

말로써 부모를 이기는 어린아이들을 본 적이 있는가? 당신의 자녀가 대부분의 영재들처럼 이러하다면 아이는 자신이 원하는 것을 얻기 위해 뛰어난 언어 능력을 사용하는 법을 일찍부터 배웠음을 보여 주는 것이다. 그러나 아이가 항상 옳은 것은 아니므로 가정의 규율이나 법칙을 어기도록 내버려 두지는 말아야 한다. 어떤 경우든 상관없이 아이들은 부모들이 몇몇 중요한 규칙을 정하여 그것을 지키게 할 때 보다 안정감을 느낀다. 아이의 영재성이 말을 듣지 않거나 불쾌한 행동을 해도 된다는 이유가 되지는 않는다.

대부분의 아이들은 너무 엄격히 대하면 화를 내거나 다른 아이들에게 공격적인 행동을 하는 경향이 있다. 영재들 역시 마찬가지인데 이들은 더 나아가서 자기가 필요하다고 느낀다면 일찍부터 거짓말을 하거나 물건을 훔치는 법을 배울 수도 있다. 그러므로 부모가 아이를 존중하고 공정하게 대하는 것이 특히 중요하다.

영재성은 도덕성이 뛰어나다는 것을 의미하지는 않는다. 아이가 영리하다고 해서 규칙을 준수하는 것에 대해 보다 관대해질 필요는 없다. 영재아들은 다른 아이들에 비해 행동에 따른 결과를 더 잘 학습하므로 같은 실수를 반복하지 않는다. 아마도 아이는 규칙을 교묘하게 이용하는 것 역시 잘 배울 것이다.

영재아들도 세상이 돌아가는 구조를 이해할 필요가 있다. 그래야 세상 안에서 제 역할을 할 수 있다. 대부분의 영재들은 가끔 부모나 교사의 한 수 위에서 조정하고 통제하려 한다. 만약 그렇게 된다면 결국은 상실감을 느끼고 혼란스러워할 것이다. 아무리 영리한 영재라 하더라도 누군가 자기보다 더 경험이 많고 더 현명한 사람이 있다는 것에 안정감을 느끼고 감사한 마음을 가진다.

아이들이 성장하면서 올바른 판단을 하는 모습을 보여 주면 부모는 아이를 더욱 신뢰하게 된다. 만약 아이가 진심으로 그렇게 믿고 있어서 자신의 입장을 정당화하기 위해 부모와 논쟁한다면 적어도 아이가 하려는 말을 주의 깊게 들어 줘야 한다. 그런 자녀와의 논쟁에서 진다고 해서 부끄럽게 생각할 필요는 없다. 아이가 논쟁을 위한 논쟁을 하려 한다거나 위험한 생각을 하고 있다거나 부모의 소신에 반항하는 것이 아니라면 말이다. 때로는 절대적 규칙을 정하는 것도 도움이 된다. 절대적 규칙이란 타협이 없는 규칙을 말하는 것으로 나이에 따라 다를 수 있지만 엄격해야 한다. 예를 들면, 학교 결석하지 않기, 술 마시지 않기, 귀가 시간 지키기, 취침 시간 지키기, 성냥 가지고 놀지 않기 등이다.

실제로 규칙을 적용하려 할 때 아이가 받아들이려 하지 않을 수도 있다. 아이는 부모가 어디까지 제한하는지 시험해 보기 위해 논쟁하려 할 수도 있고, 자신의 입장에서 정말 합리적인 원칙을 두고 주장할 수도 있다. 만약 아이가 어떤 영역에서 스스로 책임질 수 있음을 증명하고 그것을 근거로 자기주장을 한다면, 규칙을 조금 느슨하게 하거나 자유의 범위를 넓혀 줄 때가 된 것이다.

어른과 친구가 되는 아이

어떤 아이들은 또래 아이들과 있는 것보다 부모나 다른 성인들과 함께 있을 때 보다 편안함을 느낀다. 이렇게 성인에게 의존하는 이유를 두 가지로 생각해 볼 수 있다.

첫째는 영재아들은 종종 자신의 나이 때문에 좌절과 한계를 느끼고 실제로 또래보다는 성인과 더 좋은 상호작용을 하는 경우다. 이 아이들은 성인과의 대화를 즐기고 성인의 세계를 좋아한다. 영재인 당신의 자녀는 어른인 당신을 최고의 친구로 생각하고 있을지도 모른다.

둘째는 영재아는 이해력은 매우 좋지만 아직 지적으로 이해한 어떤 것을 실행하는 데 있어 필요한 능력이나 기술은 습득하지 못했다. 그래서 자신의 목적을 달성하기 위해 성인의 도움이 필요하다고 느끼기 때문에 어른을 친구로 생각하는 경우다.

다섯 살 된 한 아이가 지역신문 편집자에게 편지를 써 달라고 나에게 부탁한 적이 있다. 그 아이는 부당한 어떤 것에 관해 깊이 생각하고 있었고, 신문사 같은 곳에서 다섯 살짜리 아이의 말을 들어 주지 않을 것이라는 것을 알고 있었다. 대신 자신의 선생님이 편지를 쓴다면 그의 해결책을 들어 줄 것이라고 생각했던 것이다. 나는 함께 앉아서 그 아이의 아이디어를 받아 적었다. 그리고 그 아이의 이름으로 투고했다. 아이는 자신의 아이디어를 제안했다는 것에 만족해했고 나는 그를 도와준 것이 기뻤다.

물론 도움을 주는 것은 좋지만 "엄마, 선생님께 ……를 할 수 없었다고 말해 주세요."와 같은 말까지 들어주어서는 안 된다. 영리한 아이는 선생님이 부모의 말은 보다 진지하게 들어 줄 것이라는 것을 알고 "엄마나 아빠가 말 좀 해 주시는 건 어때요?"라고 부탁한다. 부모가 자신을 지지하고 있다는 것을 아이가 아는 것도 중요하지만, 아이가 스스로 의견을 당당하게 말하는 것을 배울 필요도 있다.

위험 부담 감수하기

어떤 부모들은 자녀가 다른 아이보다 더 대담하지 않은 것을 다행이라고 생각한다. 신체적인 위험이나 상처가 생길 수 있을 때 더 그렇다. 그러나 새로운 활동의 기회를 잡거나 지적 도전을 위해 위험을 무릅써야 할 때 물러서거나 심지어 노력조차 해 보지 않는다면 그것은 슬픈 일이다. 영재아들은 자기비판적이며 자신의 부족한 면만을 보는 경향이 있다. 이처럼 자신감 없는 아이는 어떤 일에 전념하기 전에 그것이 무엇인지, 어떻게 될 것인지, 어떤 요소들이 포함되어 있는지 그 모든 것을 알고자 한다.

한 학부모의 말이다. "우리 딸은 아주 영리한데 뭔가 하려는 동기가 부족해요. 같은 반의 다른 학생에게 기준을 두고 자기 자신을 맞춰요. 자기와 수준이 맞거나 더 높은 학생들과 함께할 때 더 열심히 하려는 동기가 생기고 자신의 능력을 제대로 보여 줘요."

어떤 영재들은 새로운 것은 시도하지 않는 경우도 있다. 왜냐하면, 그들은 행여나 틀리지는 않을지, 바보같이 보이지는 않을지 두려워하고, 어떤 일이 일어날지 알 수 없는 것을 매우 싫어하기 때문이다. 그들은 스스로 어떤 새로운 것을 시도해 보기 전에 다른 사람들이 하는 것을 미리 관찰하고 싶어 한다. 사리에 어긋나지 않는다면 다른 사람을 관찰하는 것은 뭔가를 배우는 좋은 방법이다. 하지만 아이가 실패에 대한 강한 두려움으로 인해 무척 조심하고 있다면 자신을 보다 긍정적으로 느낄 수 있도록 도와주어야 한다. 처음부터 실패해 보지 않고 어떤 것을 할 수 있는 사람은 없으며, 실패나 실수가 곧 무능하다는 것을 의미하지는 않는다는 것을 아이가 알 필요가 있다.

다음과 같은 말은 아이를 주눅 들게 하는 것이다. "그건 말도 안 되는 거야." "그렇게 되지 않을 거야." 이 같은 말들은 상상력을 막고 좌절하게 만든다. 부모 역시 자녀가 그렇게 되기를 바라지는 않을 것이다. 자녀가 어떤 일을 해내는 과정에서 어려움을 겪고 있다면, 그 과정까지도 존중하고 있다는 것을 아이에게 보여 주어야 한다. "그 일을 네가 정말 열심히 하고 있는 게 보이는구나."와 같은 말로 격려해 줄 수 있을 것이다. 수용적인 분위기가 뭔가 새로운 것을 시도해 볼 수 있게끔 한다. 아이가 최선을 다하고 그 일의 결과를 지켜볼 수 있도록 허용적인 분위기를 만드는 것이 필요하다.

부모 자신도 위험을 감수해야 하는 뭔가 새로운 것을 배우도록 하라. 아이를 위해 뭔가 힘겹게 이겨 내는 모습을 보여 주는 모델이 되어야 한다. 많은 아이들은 어른들에게는 모든 것이 쉽다고 생각한다. 아이와 함께 새로운 운동, 새로운 기술의 학습, 새로운 예술, 새로운 언어를 배우는 데 도전해 보라.

아이가 모든 문제에는 하나의 정확한 답만 있다고 생각한다면 문제에는 하나의 답만 있는 것은 아니라는 자세를 가질 수 있도록 도와주어야 한다. 다음과 같이 해 보라.

- 집을 멋지게 만들려면 어떻게 하면 좋겠니?
- 복권에 당첨되면 무엇을 할 거니?
- 살기 좋은 곳은 어디라고 생각하니? 왜 그렇게 생각하니?
- 이상적인 학교는 어떤 모습일 것 같니?

유머감각이 뛰어난 아이

영재들은 흔히 성숙한 유머감각이 있다. 그들은 세상을 보다 잘 이해하며, 예리하게 보고, 절묘하게 유머를 포착해 낸다. 그들은 다른 아이들이 유머를 전혀 이해할 수 없을 때도 농담의 의도를 알아차린다. 그렇기 때문에 영재아들은 다른 아이들이 농담을 못 알아들을 때 혼란스러워할 수도 있다. 이것은 영리한 아이들이 성인 친구를 더 좋아하는 한 가지 이유이기도 하다.

영재아들은 익살을 부리거나 말장난을 하기도 한다. 한 부모는 아들이 네 살 때부터 성인들이 이해할 수 있는 농담을 했다고 말했다.

자신의 유머감각이 좌절되면 빈정거리는 것으로 변할 수 있다. 이럴 때는 주의를 주어야 한다. 이러한 습관이 생기는 것처럼 보이면 설사 그것이 농담이라 할지라도 다른 사람을 무시하는 것은 잘못된 것이라고 항상 지적해 주어야 한다.

영재아들이 즐기는 재담

- 2학년 학생이 선생님께 에어컨이 없음에도 불구하고 학교가 아주 평판이 좋다고 말했다. 교사가 왜 그러냐고 묻자, "팬(Fan, 선풍기)이 많으니까요." 라고 대답했다.
- 다양한 온도 측정 표시 도수를 비교하기 위해 여러 온도계를 비교하고 있었는데 그중 하나가 떨어졌다. 다섯 살 난 영철이가 말했다. "온도가 떨어져 버렸으니 우리 모두 외투를 입는 게 좋겠어요."
- 다섯 살짜리 철수가 스파게티 먹는 법을 배우면서 아버지에게 말했다. "보세요, 아빠! 넥타이가 접시에 떨어진다면 우리는 타이 음식을 먹게 될 거예요."
- 여덟 살의 제임스는 선생님에게 뉴욕과 워싱턴…… 확실히는 잘 모르지만 미국의 다른 많은 도시를 공격하려고 하는 테러리스트에 대해 말했다. "테러리스트들은 우리의 정신과 자유를 박살 내려고 할 때 'freedom'을 'FREEDUMB(자유의 종식)'이라고 쓸 거예요."

빠른 속도로 배우고 깊이 있게 배우는 아이

대부분의 영재들은 다른 아이들에 비해 기본적인 기술을 더 빠르게 배우고, 더 잘할 수 있다. 그들은 적은 연습과 반복으로 새로운 정보를 익힐 수 있다. 그들이 이미 알고 있는 것을 반복해야 할 때 지루해하며 동기가 상실된다. 그 결과 부주의한 실수를 하거나 과제를 대충하거나 일을 제대로 마무리하지 않는다. 어떤 교사들은 이러한 것을 동기 부족으로 생각하고 영재가 아니라고 주장한다. "그는 영재 프로그램에 참가할 수 없어요. 학급에서 보통 수업도 제대로 못해요. 매일 숙제도 낙제 점수를 받고 있어요."라고 말할 수 있다.

영재아는 대개 다양한 관심을 가지고 있기도 하지만 보통은 한 번에 하나의 구체적인 영역에 집중하기를 좋아한다. 그들은 자기가 선택한 영역에서 어마어마한 양의 정보를 모으고 보유해서 어린 나이에 '전문가'가 된다.

부모들은 마음에 깊이 새겨 두어야 한다. 아이는 어떤 것에 모든 정열을 소진하고는 다음의 것으로 넘어간다. 그러나 다음번에는 상황이 더 나빠질 수 있다. 공룡을 너무 좋아하는 것이 좋지 않다고 생각했는데 아이의 다음 관심사가 살아 있는 파충류라면 어떻겠는가? 한 어머니는 결국 이런 규칙까지 만들었다. "엄마 허락 없

이는 살아 있는 것이나 살아 있었던 것을 집에 가지고 오면 안 된다." 그 딸은 동물의 신체 내부를 알아볼 목적으로 길에서 죽은 생물을 해부하기 위해 집으로 가져왔다. 그 아이는 해부도만으로는 만족할 수 없어서 실물을 원했던 것이다.

대부분의 영재들은 프로젝트를 시작하는 것을 좋아한다. 그들은 무엇인가 수집하는 취미를 가지는 경향이 있다. 그들은 어떤 것을 스스로 이해하고 지식을 발견하는 것을 좋아한다. 때로는 자신이 감당할 수 없을 정도의 큰 프로젝트를 시작하기도 한다. 한 중학생이 도시 문명을 연구하고 싶어서 인류 역사의 시초부터 세계 문명과 사람들에 관해 알려고 했다. 혼자 다 해내기에는 너무 벅찬 과제다. 이 경우에는 과제를 특정 시기와 특정 문화로 작게 나누어 시작하는 것이 훨씬 더 다루기 쉽고 에너지를 집중할 수 있다. 너무 광범위한 주제를 탐구하고자 하는 학생은 대부분 실패를 경험하게 된다. 아이들은 주제를 작은 단위로 나누는 방법을 알지 못하는 경우가 많다. 그들은 한 가지 부분을 완수해야 그다음으로 넘어갈 수 있다는 것을 배울 필요가 있다. 이렇게 접근하게 되면 큰 프로젝트를 진행하기가 쉽고, 해낼 수 있게 되며, 만족감이 커진다.

아이가 프로젝트에 덤벼들 때 현실적으로 판단할 수 있도록 도와주어야 한다. 아이들은 계획된 프로젝트를 하게 되고, 단지 자신이 필요한 정보만 알게 되면, 거기서 계획된 프로젝트를 그만두는 경우가 흔히 있다. 즉, 프로젝트에서 아이들이 조사 과정에는 푹 빠져들지만 결과를 기록하는 과정에서 지루해하고 결과를 내지 못하게 되어 용두사미가 되기 쉽다. 어떤 완성된 결과를 보여야 할 때는 부모가 이끌어 주고 도움을 줄 필요가 있을지도 모른다. 다른 한편으로는 프로젝트를 완성하지 못하고 방향을 자주 바꾸더라도 받아들이는 것이 좋다. 바뀐 관심사에 대해 아이와 함께 토의하고, 죄책감을 느끼지 않고 다른 관심사로 넘어갈 수 있도록 해 주는 것이 좋다.

또한 아이가 학교 프로젝트의 마감일을 지킬 수 있도록 부모가 도와줄 필요도 있다. 많은 어린 영재아들은 해야 할 일을 마지막까지 미룬다. 중간 목표를 달성할 기한을 정해 놓으면 학생들이 과제를 작게 나눌 수 있도록 하는 데 도움이 된다. 이렇게 되면 전체 과제가 그렇게 감당할 수 없을 정도로 크게 느껴지지 않을 것이다.

너무 민감한 아이

민족이나 연령에 상관없이 모든 영재들은 문제를 너무 민감하게 지각하는 경향이 있다. 그들의 뛰어난 관찰력과 지각력은 전쟁이나 기아, 가난, 악습, 폭력 등 세상의 여러 가지 불공정한 것들에 대해 두려움과 분노를 느끼는 것이 일반적이다. 다시 말하면, 그들은 큰일에 대해 우려한다. 영재들은 사회의 위선과 불공평함에 무척 민감하기 때문에 어린 나이에도 절망적이며 냉소적일 수도 있다. 제프리 드레벤스키(Jeffrey Derevensky)와 일레인 콜먼(Elaine Coleman) 두 연구자가 영재의 두려움을 평균 지능을 가진 다른 아이들과 비교해 본 결과, 어린 영재들이 공통적으로 두려워하는 것은 폭력과 핵전쟁인 것으로 나타났다.

이렇게 폭력을 두려워하는 것은 아이들이 뉴스 매체를 통해 납치, 테러리즘, 학대, 살인 그리고 다른 끔찍한 범죄 행동에 관해 읽고 들었다는 것을 반영한다. 영재아들은 이 외에도 다양한 방면에서 두려움을 갖는 것으로 나타났으며, 이는 영재들이 세상에 대한 인식이 높다는 것을 보여 주는 것이다. 또한 그들은 죽음과 질병, 임신과 낙태, 무직, 친구가 없는 것, 외로움, 파산, 자포자기, 사랑의 결핍 그리고 정신적 장애와 같은 것들을 두려워 한다.

영재들은 너무나 예리한 지각 능력이 있어서 어린 나이에도 불구하고 죽음의 필연성에 대해 인지한다. 그들은 죽음의 의미에 관해 의문을 가지며, 죽음에 관해 고뇌하기도 한다. 또한 죽는 모습을 연출하거나 죽은 동물을 집으로 가지고 와서 묻어 주려고 할지도 모른다.

죽음은 자연적인 과정이지만 가족 중 누군가의 죽음을 극복하기란 쉽지 않다. 우리는 죽음을 부정적으로 생각하는 문화 속에서 살고 있기 때문에 누구도 아이와 죽음에 관해 이야기하는 것이 편안한 사람은 거의 없을 것이다. 그러나 모든 사람들이 죽음에 대한 감정을 숨기기만 한다면 아이들은 거기에 대해 어떤 책임감이나 죄책감을 느낄 것이다. 죽음은 너무 나쁜 것이어서 외면해야 한다는 무언의 메시지를 주지 않기 위해 아이들의 질문에 솔직하게 대답할 필요가 있다.

영재들은 감수성이 예민하기 때문에 아무도 그렇게 생각하지 않음에도 불구하고 사회적으로 거부당한다고 느끼기도 하고, 자신들에게 뭔가 잘못된 것이 있다고 믿기도 한다. 일상적인 것에 심각하게 반응한다고 다른 아이들에게서 놀림을 받게 되면 이러한 생각은 더욱 굳어지게 된다.

풍부한 감수성은 그것을 수용하고 반응하는 정도에 따라 긍정적인 효과도 있고 부정적인 영향도 있다. 우수한 지적 발달은 아동을 특별하고도 상처 입기 쉬운 존재로 만든다.

건강한 신체에 건강한 정신이

부모들은 아이가 다양한 신체적 활동을 할 수 있도록 배려해야 한다. 아이들의 신체는 정신만큼이나 활동적이다(혹은 활동적이어야 한다). 음악에 맞춰 춤추기, 자전거 타는 법 배우기, 달리기, 산책하기 등 다양한 신체활동을 하도록 이끌고, 자녀가 자신의 상상력을 신체적인 방법으로 표현하고 즐길 수 있도록 도와주면 좋다.

다음은 해 볼 만한 신체활동이다.

- 게임을 창의적으로 변화시키면 새로운 재미를 느낄 수 있다. 예를 들면, 탁구를 할 때 첫 게임에서 이긴 사람이 다음 게임에서 반대쪽 손 사용하기(예: 오른손잡이의 경우 왼손 사용하기)와 같은 것이다.
- '모두 한편이 되는 놀이'는 네다섯 명의 선수가 한편이 되어 배구를 하는 것으로, 상대편은 없고 공으로는 풍선을 사용한다. 각각의 선수들은 다른 선수에게 풍선을 던지고 그런 다음 그물 가까이 간다. 마지막 선수가 풍선을 가볍게 쳐서 그물을 넘기고 그물 아래로 뛰어 반대편으로 간다. 풍선을 받은 선수는 그것이 떨어지지 않도록 하고, 그 과정을 반복한다. 이 놀이의 목표는 네 명의 팀원이 반대쪽에 가서 가능한 한 여러 번 돌아오는 것이다.

- 걷기는 일생 동안 하는 훌륭한 운동이다. 아이와 함께 다양한 종류의 걷기를 해 보라. 평상시에 익숙한 길을 아이와 함께 걸으면서 전에는 본 적이 없었던 것 10가지(혹은 15가지)를 찾아보는 놀이를 할 수 있다.

열정적으로 집중한 후에 휴식하기

영재들은 그들이 관심을 가지는 것에 오랫동안 집중할 수 있지만 누군가가 시켜서 하는 일은 반드시 그런 것은 아니다. 이런 아이들은 책이나 컴퓨터 또는 프로젝트에 너무나 집중해서 식사 시간에 부모가 부르는 것을 못 들을 수도 있다. 부모를 무시해서 그러는 것이 아니라 무언가에 너무나 집중해서 다른 것을 자각하지 못할 뿐이다.

아이가 당신이 부르는 소리를 듣지 못할 경우, 다가가서 가볍게 두드리거나 껴안아 보라. 눈을 마주치는 것도 아주 좋은 방법이다. 큰소리로 나무라거나 잔소리하는 것은 도움이 되지 못한다. 이렇게 하면 아이가 부모를 무시하고 부모의 말에 귀 기울이지 않게 된다.

정해진 계획과 시간에 맞춘 일정을 아이에게 지키게 한다면 부모와 자녀 모두 불만이 줄어들 것이다. 다른 누군가가 당신에게 "지금 당장 책을 내려놔! 우리는 가게에 가야 해."라고 말하면 기분이 좋지 않을 것이다. "3시에 가게에 가야 해. 10분 전에 알려 줄게."라고 말하는 것이 좀 더 듣기에 좋다. 아이가 프로젝트에 매우 열중하고 있어서 무척 흥분해 있다면, 열중한 상태에서 서서히 빠져나올 수 있는 방법을 배우도록 도와주어야 한다.

아이는 종종 자신이 모든 것을 빨아들이는 것 같은 엄청난 감각적 정보로 인해 폭탄 세례를 받고 있는 것 같은 기분을 느낄지도 모른다. 이럴 때는 그것에서 벗어나서 휴식하거나 어딘가 조용한 곳에서 신체적인 긴장을 풀 필요가 있다. 집 어딘가에 자녀가 사적이며 평안을 느낄 만한 공간이 있는가? 영재들은 어떤 장면, 소리 그리고 그들 주변의 자극적인 것들에 특별히 예민하다. 그들은 자연이나 음악 또는 색에 깊이 감동하기도 하며, 다른 사람들은 전혀 알아차리지 못하는 미묘한 차이를 감지한다. 그들에게는 휴식하고 혼자 있을 수 있는 안전하고, 조용하며, 평화로운 장소가 필요하다. 때때로 어떤 영재들은 잠드는 것에 어려움을 겪는다. 그들은 지나치게 많은 생각으로 머리가 가득 차 있으며, 흥분되는 책이나 TV 쇼에서 좀체 관심을 떨칠 수 없어 바로 잠들지 못한다. 그들은 긴장을 풀 시간이 필요하다. 어떤 때는 아무 어려움 없이 잠들고는 머릿속에 가득 찬 멋진 아이디어 때문에 한밤중에 깨어나곤 한다. 이럴 경우에는 자신의 생각을 녹음하고 다시 잘 수 있도록 침대 옆에 녹음기를 놔두면 좋다.

신체적 운동으로 휴식을 취할 수 있지만 어떤 아이들은 운동에 몰두하여 그것이 또 하나의 습관이 되어 버린다. 어떤 남자아이는

운동에 너무 빠져 버려 운동을 할 때마다 마약을 사용했을 때와 같은 흥분을 느낀다. 그에게 있어 이러한 운동은 더 이상 휴식이 아니라 또 다른 활동인 것이다. 만약 아이가 특정 활동에 지나치게 몰입해 있다면 일상과 조화를 이루고 균형을 맞출 수 있도록 도와주어야 한다. 새로운 것을 시도해 보거나, 놀이를 해 보거나 친구들과 어울리게 해 주라. 그리고 그냥 빈둥거려 보도록 아이를 격려할 수도 있다. 이러한 활동은 아이가 긴장을 푸는 데 도움이 될 것이다.

아이들에게 좋은 긴장 완화 기법

- 정신을 집중하거나 명상하는 간단한 방법을 아이에게 가르치도록 하라. 예를 들면, 정신을 산만하게 하는 어떤 외부적인 것들은 무시한 채 자신의 내부에 집중하도록 하면, 정신이 맑아지고, 집중할 수 있는 고요한 생각이 떠오른다.
- 호흡을 세는 것은 긴장을 완화시키고 산만한 정신을 정돈하는 두 가지 효과가 있다. 호흡을 할 때마다 하나부터 열까지 세고, 다시 처음부터 반복

하도록 하라. 평안함을 느낄 때까지 이러한 과정을 반복한다. 연습을 하다가 정신이 흐트러지면 처음으로 돌아가 다시 헤아려야 한다는 것을 아이에게 설명해 주라.

- 긴장을 완화시킬 수 있는 보다 물리적인 방법도 도움이 된다. 편안한 자세로 앉거나 눕게 한 다음 눈을 감게 하고 긴장을 완화시켜 주라. 그런 다음 동시에 몸의 모든 근육을 긴장시키라고 한다. 잠시 동안 몸을 꾹 경직시키고, 그런 다음 다시 축 늘어뜨리면서 모든 근육을 동시에 이완시킨다.
- 몸의 한 부분(한 손의 손가락부터 시작하면 된다)에 힘을 주었다가 다시 힘을 빼고 축 늘어뜨린다. 귀에서부터 발끝까지 차례차례 몸의 모든 부분을 의식적으로 이완시킨다.

정돈이 안 돼요

똑똑한 아이들이 항상 깔끔한 것은 아니라는 사실을 알게 되는 것은 놀라운 일이 아니다. 사실 그들은 혼란스럽고 지저분한 것을 특별히 잘 참는 경향이 있다. 미래에 에너지 위기를 해결할지도 모르는 아이지만 지금은 펼쳐 놓은 책, 절반만 완성된 프로젝트, 레고로 만든 집, 수집해 놓은 우표 이외에도 수많은 관심사를 보여주는 물건들 때문에 연필 하나를 찾지 못한다.

과제를 깔끔하지 못하게 해내는 것이 아마 우선적인 문제는 아닐 것이다. 방이 너저분한 것은(물론 부모의 기준에서 너저분한 것일 수도 있지만) 아이에게 중요한 일이 아니다. 영재들은 대체로 물건을 버리는 것을 싫어한다. 그들은 책상 위에 놓아둔 아름다운 돌을 언제, 어디서 발견했는지, 침대 밑에 넣어 둔 새의 깃털은 어느 새의 것인지 정확하게 기억한다. 그들은 관찰력이 뛰어나고, 세부적인 것을 너무 잘 자각하기 때문에 무언가가 없어지면 금방 알아차릴 것이다. 무엇보다 아이의 물건을 존중해 주어야 한다. 부모가 자신의 마음에 들지 않는다고 아이의 물건을 갖다 버리거나 하지 말아야 한다.

학교에서는 시간관리 기술이나 정리 정돈하는 방법을 가르쳐 주지 않는다. 그러므로 부모가 정리하는 요령을 가르치는 것이 좋다. 예를 들면, 매달 또는 매주 '내가 보관하고 싶은 것은?' 날을 정하고 정리하도록 하는 것은 좋은 예가 될 수 있다. 아이가 학교 과제를 모두 보관하고 싶다고 하더라도 그것들 중에서 보관할 것을 고르게 하고, 아이에게 특별히 중요한 것을 선택해서 특별한 장소나 폴더에 보관하도록 한다.

다양한 보관함을 준비하는 것도 좋은 방법이다. 월별로 파일을 만들어 라벨을 붙이고 큰 상자에 담도록 한다. 학년이 끝날 때, 그것들을 분류하면서 '올해에 있었던 일 중 내가 기억하고 싶은 것은 무엇인가?'에 대해 생각해 볼 수 있을 것이다. 아이가 모아 둔 이러한 것들은 포트폴리오 자료가 되며, 지난 기간 동안의 성장을 나타내거나 특별히 잘한 것들을 모아 놓은 작품 모음집으로서 특별한 자료가 된다.

또한 상자는 아이가 중요하게 생각하는 물건이나 간직하고 싶어 하는 미술품들을 분류하는 데도 유용하다. 상자가 가득 차면 버려야 할 것들과 다시 정리해야 할 것들로 분류하고, 상자가 더 필요할 수도 있다.

이때 정돈하지 않아도 되는 아이 자신만의 공간을 가질 수 있도록 하는 것도 중요하지만, 분명히 집안 내에 몇 가지 규칙은 있어야 한다. 예를 들면, 토요일 아침이나 진공청소기를 돌릴 때는 바닥에 아무것도 내려놓지 말기, 침실에는 음식 부스러기가 없어야 하며, 거실같이 모두가 사용하는 공간에서 개인 소지품은 매일 치우기(또는 괜찮다면 매주)와 같은 것이다.

아주 어릴 때부터 읽었어요

어떤 영재들은 스스로 읽는 법을 배운다. 이러한 아동들 대부분은 언제 그리고 어떻게 그 방법을 깨우쳤는지 어른들은 알지 못한다. 글자를 일찍 깨친 것이 영재성의 증거가 될 수는 없지만 단서가 될 수는 있다. 어떤 아이들은 세 살 정도의 어린 나이에 읽기를 배운다. 일부는 부모나 유치원, 어린이집에서 읽는 법을 배운다. 반면 어떤 영리한 아이들은 다른 것에 관심이 많아서 읽기는 다른 아이들보다 우수하지 않을 수 있다. 실제로 유치원을 마칠 때까지 혹은 1학년 때까지 읽기를 깨치지 못한 영재들이 있다. 이러한 아이들이 영재교육에서 제외되거나 간과되어서는 안 된다. 마찬가지로 취학 전에 읽을 수 있다고 해서 그 한 가지 기준만으로는 영재 프로그램에 입학할 수 없을 것이다.

연구에 의하면, 고도 영재아들은 전형적으로 일찍 읽기를 배우고(대개 4세 이전), 일찍 말하고, 언어를 풍부하게 사용하며, 유아기부터 아주 민첩하며, 일찍부터 상징을 조작하고, 추상적 추론 능력이 발달한다고 지적한다. 고도의 영재들은 평균 연령 4세 이전에 쉬운 읽을거리를 한눈에 읽을 수 있다. 이것은 시대와 문화, 언어를 초월해 나타난다. 뛰어난 영재가 『초원의 집(Little House on the Prairie)』과 같은 책을 이해하는 것은 보기 드문 일이 아니다. 이렇게 일찍부터 책을 읽을 수 있게 되는 아이의 경우, 기초적인 해독 기술을 가르치거나 강조하는 유치원이나 초등학교에 들어가게 되면 문제를 겪게 된다. 학부모와 학교는 이런 아이의 뛰어난 능력에 맞는 속진 및 심화 교육과정을 제공해 주어야 한다.

영재들은 다른 많은 일에서처럼 읽을 준비가 되어 있고, 글을 읽게 되면 좋은 점이 많다는 것을 알게 될 때 읽기를 완벽하게 터득한다. 많은 영재들이 어떻게 글을 읽게 되었는지도 모르게 스스로 읽기를 시작한다. 빠른 읽기가 지적 영재들 사이에서 일반적이지만, 특정 영재들은 학교에 갈 때까지 읽기를 터득하지 못하기도 한다. 이 아이들은 읽기장애와 같은 학습장애가 있을 수 있다. 영재성과 학습장애는 상호 배타적이지 않으며 동시에 나타날 수도 있다(75~77쪽 참조).

대화하고, 대화하고, 또 대화하라

대부분의 영재들은 협동적이고 사회적이며 사람들에게 사랑을 받는다. 흔히 사람들은 이 아이들을 리더로 여긴다. 부모들은 아이의 이러한 재능이 반드시 긍정적인 방향으로 흘러갈 수 있도록 도와야 한다. 불량한 조직의 리더는 리더로서의 재능이 부정적인 경로로 발달된 경우다.

재능이 많은 아이를 키우는 것이 쉽다는 것은 오해다. 사실은 정반대다. 능력이 많은 아이를 키우기 위해서는 여러 차원에서 더 많은 지원을 해야 한다. 뿐만 아니라 자녀와 많은 대화를 나누어야 한다.

자녀가 방과 후에, 저녁에, 주말에 무엇을 하는지 알아야 한다. 친구가 누구인지, 그 부모는 누구인지 알아 두어야 한다. 자녀의 친구의 부모에게 전화하여 자신을 소개하라. 그들 역시 당신과 같은 것을 느끼고 있으며, 다른 아이의 부모에게서 그런 말을 듣는 것에 대해 기뻐할 것이다. 만약 아이를 친구 집에 데려다 줘야 한다면 그냥 내려놓고 가 버리기보다는 문 앞까지 걸어가서 그 부모들을 만나 보라.

대부분의 아이들은 나이가 들수록 자신의 삶에 부모가 끼어드는 것을 싫어하지만 부모가 현명하게 대처해 나간다면 개입이 가능할 것이다. 아이가 파티에 갈 때는 전화를 걸어 파티하는 내내 부모가 집에 있을 것인지 확인하라. 술이나 다른 약물은 사용해서는 안 된다는 것도 분명히 알게 하라. 이런 행동을 하는 데는 일 분밖에 안 걸리지만 일생의 상처가 될지도 모르는 일에서 당신의 자녀를 구할 수 있다.

또래 집단의 영향은 모든 아이에게 있어 엄청난 압력이 된다. 활발하고 멋진 우등생에서 위축된 낙제생으로 행동이 완전히 변해버린 한 중학교 소녀가 있었다. 부모는 자신의 딸이 아니라 마치 다른 아이와 살고 있는 것 같다고 말했다. 결국 부모는 아이가 마약을 하고 있다는 것을 알게 되었다. 그 아이는 나중에 자신이 학교에서 인기 있는 아이들과 어울리지 못하게 되어서 자신을 받아주는 다른 아이들을 찾게 되었다고 했다. 그들은 마약을 했으며, 자기도 같은 행동을 했다고 설명했다.

자녀의 친구들에게 집을 개방하라. 피자나 음료수 그리고 과자를 간식으로 내주고 영상물을 보는 것을 허락하라. 그렇게 하면 자녀가 관심을 가지고 있는 아이가 누구인지 알 수 있으며, 그들의 행동을 어느 정도 통제할 수 있게 된다.

영재아 자녀를 둔 다른 부모들과 교류하는 것이 좋다. 공통의 관심사를 나눌 수 있는 모임이나 조직에 가입하라. 가족이 중심이 되어 할 수 있는 활동을 계획하고, 다른 부모들과 친해지고, 함께하는 즐거운 시간을 마련하라. 아이의 학교를 지원할 수 있는 일을 하라. 이렇게 하는 것은 당신의 자녀뿐 아니라 다른 아이들에게도 도움이 된다.

보충 정보를 위한 참고문헌

The Centering Book: Awareness Activities for Children and Adults to Relax the Body and Mind by Gay Hendricks and Russell Wills (New York: Prentice Hall, 1992). Great ways to ease stress by relaxing both body and mind.

Gifted Grownups: The Mixed Blessings of Extraordinary Potential by Mary Lou Kelly Streznewski (New York: John Wiley and Sons, 1999). This book takes an honest look at how gifted grown-ups reflect upon their lives.

Growing Up Creative: Nurturing a Lifetime of Creativity by Teresa M. Amabile (New York: Crown, 1992). What to do and what to avoid so your child is free to be creative.

Making Memories: A parent Home Portfolio by Sally Walker and Lori Whitman (Marion, IL: Pieces of Learning, 1994). An easy step-by-step approach for documenting development and putting together a portfolio for your young child.

Parents' Guide to Raising a Gifted Child by James Alvino (New York: Ballantine Books, 1996). A practical resource for raising and educating gifted children with advice on selecting a school or daycare, tips on promoting intellectual and creative abilities and research skills. Alvino has also written Parents' Guide to Raising a Gifted Toddler.

Playing smart: The Family Guide to Enriching, Offbeat Learning Activities for Ages 4–14 by Susan K. Perry (Minneapolis: Free Spirit Publishing, 2001). A compendium of creative activities that require little preparation for parents and their children.

Talented Children and Adults: Their Development and Education by Jane Piitro (New York: Macmillan, 1998). A comprehensive text on the characteristics and education of the gifted, focusing on factors that encourage talent, from birth through adulthood.

세상에서 보기를 원하는 변화,
스스로 그 변화가 되어야 한다.

마하트마 간디(Mahatma Gandhi)

Chapter 4

문제에 대처하기

- 어떻게 내 아이를 자신감 있는 아이로 키울 수 있을까?
- 너무 민감한 내 아이, 어떻게 이해하고 대처할 수 있을까?
- 완벽주의를 어떻게 다루어야 할까?
- 영재에게서 볼 수 있는 일반적인 행동이 행동상의 문제가 될 수 있는 때는 언제일까?
- 언제, 어떻게 도움을 받아야 할까?

솔직하게 말해 보자. 영재아는 키우기 어렵다. 아마 이것은 아주 최소한의 표현이라고 생각하는 부모도 있을 것이다. 영재아는 많이 알고, 머리가 매우 좋기 때문에 보통 아이보다 극단적이며, 인내심이 강하고, 격렬한 경향성을 가지고 있으며, 그로 인해 문제가 생길 수 있다.

이 장에서는 영재아의 전형적인 특성으로 인해 생길 수 있는 문제점들을 강조하게 될 것이다. 더불어 일반적으로 나타나는 것은 아니지만 경계해야 할 심각한 문제들에 대해 살펴볼 것이다.

학문적 영재나 지적인 영재들의 우울, 불안, 자살에 관해 연구한 결과, 영재아가 적응 문제에 더 취약하다는 생각은 잘못된 것이라는 사실이 확인되었다. 이러한 사실은 영재아를 둔 부모에게는 위안이 되는 것이다. 다른 사람들과 마찬가지로 영재아들도 여러 문제에 직면하지만 영재가 가지는 특성으로 인해 그 심각성이 과장되어 보이는 측면이 있다.

영재성이 다양한 것처럼 사회성도 각기 다르다. 어떤 영재아는

영재아의 강점과 그로 인해 생길 수 있는 문제

강 점	발생될 수 있는 문제
정보를 빠르게 습득하고 기억한다.	다른 사람들이 느린 것을 참지 못한다. 통상적인 규칙이나 반복 연습을 싫어한다. 기초적인 것을 공부하기 싫어한다. 억지로 복잡한 개념을 만든다.
탐구적인 태도와 지적 호기심을 가지고 있다. 본질적으로 스스로 동기화되며, 의미를 찾으려 한다.	난처한 질문을 한다. 고집이 세다. 지시를 따르지 않는다. 흥미가 과도하다. 다른 사람도 자신과 같을 것이라고 생각한다.
개념화, 추상화, 종합적 사고에 뛰어나다. 문제해결과 지적 활동을 즐긴다.	세부적인 것은 생략하거나 무시한다. 반복적 연습이나 훈련을 싫어한다. 학습 절차에 의문을 제기한다.
인과관계를 알 수 있다.	감정이나 전통 또는 일반적으로 인정된 기정사실이라 하더라도 비논리적인 것을 받아들이지 못한다.
진리, 정의 그리고 페어플레이를 좋아한다.	실제적인 것을 받아들이는 데 어려움이 있다. 인도주의적 배려에 대해 우려한다.
사람이나 사물을 조직화하여 구조화하고, 규칙을 만들어 내는 것을 좋아한다. 또한 체계적으로 만드는 것을 좋아한다.	복잡한 규칙이나 시스템을 만든다. 으스대거나 버릇없거나 거만한 듯이 보일 수 있다.
풍부한 어휘력과 유창한 말솜씨를 가지고 있으며, 어려운 분야에 대해 광범위한 정보를 가지고 있다.	말로 상황을 피하거나 빠져나가려고 한다. 학교생활이나 또래 관계에 싫증을 느낀다. 다른 사람들에게는 아는 체하는 사람으로 보인다.
비판적으로 사고한다. 기대치가 높다. 자기비판적이다. 다른 사람을 평가한다.	다른 사람을 비판하거나 너그럽지 못하다. 지나치게 실망하거나 좌절한다. 완벽주의자가 될 수 있다.
관찰력이 예리하고 특이한 것에 관심을 기울인다. 새로운 경험에 대해 개방적이다.	한 가지 초점에 지나치게 집중한다. 가끔은 잘 속기도 한다.

창의적이고 독창적이다. 뭔가를 새로운 방법으로 하기를 좋아한다.	계획을 무시하거나 기존 방식을 거부한다. 다른 사람에게는 까다롭고 사람들과 화합하지 못하는 듯이 보인다.
집중력이 강하다. 관심 있는 분야에서 오랫동안 집중한다. 목표 지향적인 행동을 하고 인내력이 있다.	방해받는 것을 싫어한다. 관심 있는 것에 집중하고 있을 때는 반드시 해야 할 일이나 사람을 무시한다. 완고하다.
다른 사람에게 예민하고 공감을 잘한다. 인정받고자 하는 욕구가 강하다.	또래의 거부나 비판에 민감하다. 다른 사람들도 자신과 유사한 가치관을 가질 것을 기대한다. 성공과 인정에 대한 욕구가 강하다.
에너지가 넘치고 열성적이고 민첩하며 열의가 있다. 열정적인 노력을 기울일 때가 있다.	권태로운 상황을 견디지 못한다. 과도하게 열성적인 것으로 인해 다른 사람의 스케줄을 방해할 수 있다. 지속적인 자극이 필요하다. 과잉 활동으로 보일 수 있다.
독립적이다. 개인적으로 일하는 것을 좋아한다. 자신을 믿는다.	부모나 또래의 조언을 무시할 수 있다. 일반적인 관행이나 관습을 따르지 않는다.
유머감각이 뛰어나다.	산만하고 체계적이지 못한 행동이 나타나기도 한다. 시간이 부족하여 당황하는 일이 있다. 상황에 따라 불합리한 것을 본다. 이들의 유머는 또래들에게 이해가 되지 않을지도 모른다. 관심을 끌기 위해 학급에서 광대 역할을 할 수도 있다.

출처: James Webb(2001. 8). Mis-Diagnosis and Dual Diagnosis of Gifted Children: Gifted and LD, ADHD, OCD, Oppositional Defiant Disorder. *Outlook*, Minnesota Council for Gifted & Talented. p. 12.

자신의 감정을 조절하고, 친구를 사귀고, 해결책을 협상하거나 학급 동료나 교사와 협동하는 기술을 갖고 있는 반면, 어떤 영재아들은 이런 영역에서 문제를 가지고 있을 수도 있다. 언어적으로 뛰어난 학생들은 수학적으로 뛰어난 학생들에 비해 사회적으로 또래들과 지내기가 더 힘들 수도 있다. 창의성이 높은 학생들은 또래들과 어울리는 데 더 많은 취약점을 가지고 있다. 다른 사람들과 다르다고 느끼는 정도가 심할수록 사회적으로 적응하는 데 더 큰 어려움을 겪을 수 있다.

영재성에 대한 사람들의 반응은 다양하다. 사람들의 반응은 몇 가지 요인에 따라 긍정적이거나 부정적으로 나타날 수 있다. 영재성의 유형이나 정도, 참여하고 있는 교육 프로그램이 아이에게 적절한지 여부, 아이의 성격적 특성과 같은 요소에 따라서 영재성이 부정적으로 혹은 긍정적으로 보일 수 있기 때문이다. 영재 학생들을 위한 특별 프로그램에 잘 참여하고, 우수한 성취를 보이는 학문적 영재나 지적 영재들은 적어도 또래의 다른 아이들만큼 잘 적응하거나 더 잘 적응할 수도 있다.

자신감 있는 아이로 키우기

대부분의 경우, 영재아들은 사회적으로 다른 사람들과 잘 지낸다. 그러나 다른 사람들과 다른 독특한 관심사를 가지고 있고, 독립적으로 사고하며, 순응하지 않는 행동 특성은 때로는 다른 사람들을 거슬리게 하기 때문에 영재아 자신뿐 아니라 부모들도 불편한 상황을 겪게 된다. 이들은 또래 아이들의 트렌드를 잘 파악하지 못하기 때문에 '이상한 아이'나 '멍청한 아이'로 보이기도 한다.

현재의 멍청이가 미래에 람보르기니를 운전한다.

– 캐롤 브로드스키(Carol Brodsky)

부모들은 자녀가 친구를 쉽게 사귈 수 있는 방법을 알도록 도와줄 수 있다. 사람들이 어떤 아이들에게 호감을 가지는지, 왜 호감을 가지는지에 대해 자녀와 토론해 보라. 이런 토론을 통해서 자녀가 사람들에게 호감을 사는 아이들의 긍정적인 특성과 행동에 대해 인식하고 그런 행동들을 모방해 보도록 할 수 있다. 또한 일반적으로 다른 아이들이 싫어하는 행동에는 어떤 것들이 있는지 이야기를 나누어 보는 것도 도움이 될 수 있다. 만약 자녀가 자주 다른 아이들에게서 따돌림받고 있다고 느낀다면, 다른 아이들에게는 있는데 자신에게는 없는 것이 무엇인지를 아이와 함께 이야기해 보는 것이 좋다. 또한 인기를 얻는 것과 친구가 되는 것 사이에는 어떤 차이가 있는지에 대해서도 이야기해 보고, 인기는 일시적인 것이지만, 우정은 지속적인 것임을 알게 하는 것도 중요하다.

어떤 아이들은 자신의 자아존중감을 높이기 위한 한 가지 대처방법으로 비이성적인 행동, 즉 문제행동을 하게 된다. 예를 들어, 만약 자신은 항상 답을 알아야 하고 항상 옳아야 한다고 믿고 있는 어떤 아이가 있다면, 또래들은 이런 아이들을 좋아하지 않을 것이다. 어떤 영재아들은 자신은 절대로 틀리는 법이 없다고 생각하며,

자신이 아닌 다른 누군가가 칭찬받거나 좋은 아이디어로 반 친구들에게서 인정받게 되면 스스로 의기소침해진다. 이런 아이들은 다른 사람을 칭찬하거나 심지어는 다른 사람의 말을 들어 주는 것에도 인색한 경향이 있으며, 자기 혼자만 관심의 대상이 되고 싶어 한다. 다른 아이들도 그 아이가 이렇다는 것을 알고 있다.

때로 영재아들은 다른 아이들과 관심사가 다르기 때문에 학급에서 얼간이나 공부밖에 모르는 괴짜로 낙인찍힐 수도 있다. 불행하게도, 이 아이들 중 일부는 아무리 노력해도 또래 집단에는 끼어들기가 어렵다. 이런 아이들을 위해서는 그들에게 맞는 집단을 찾거나 그들의 마음을 이해하고 공감해 주는 마음을 터놓을 만한 친구를 한두 명 찾는 것이 하나의 방법이 될 수 있다. 아마 이 친구들도 영리하거나 창의적인 아이들일 것이다.

흔히 영재아들은 고립감 때문에 괴로워한다. 이러한 문제들은 또래의 인정이 무척 중요한 10대 때 특히 더 심하다. 10대들은 헤어스타일에서부터 청바지 상표에 이르기까지 다른 아이들과 같아지기 위해 필사적으로 애쓴다. 이런 현상은 보통 중학교 학생들에게 나타나지만 일부 영재아들은 초등학교 3, 4학년부터 나타나기도 한다. 자신이 남들과 다르다고 생각하는 사람들은 어느 연령대에서든지 소외감을 느낄 수 있다. 사회적으로 실패했다고 느끼는 10대 영재아들은 아예 사회적 관계를 포기하거나 오로지 자신의 정신적 능력에만 집중할 수도 있다. 이 아이들이 무척 불편해할 수 있는 사회적 상황에 억지로 밀어 넣지는 말아야 하지만 모든 사람

들은 인생에서 어떤 균형이 필요하다. 부모는 아이들이 적어도 친구를 사귀는 데 마음을 열어 놓고 있도록 격려해야 한다. 사회적으로 잘 적응된 영재아라고 하더라도 다른 10대에 비해 좁은 사회적 관계를 유지하거나 자신과 비슷한 관심사나 능력을 가진 사람들과 비교적 제한적인 관계를 맺는 경우가 많다.

아이가 자신을 어떻게 생각하고 있는지가 사회적 적응을 위한 실제적인 열쇠가 된다. 자아존중감은 가정에서 시작되며, 정서적으로 안정된 가정에서 아이의 건강한 자아존중감이 발달된다. 학교의 영재반에 참여하는 것도 아이의 자아존중감을 높일 수 있는 기회가 된다.

아이를 어떻게 도울 수 있을까

- 사회의 관행에 순응하지 않으면서도 성공한 사람들의 전기를 같이 읽는 것이 좋다. 여러 위인들의 전기를 읽으면 뛰어난 사람들이 얼마나 열심히 살았는지, 문제를 극복하기 위해 얼마나 노력했는지 알 수 있다. 이것은 아이들이 자신의 삶을 보다 잘 감당할 수 있는 자신감을 갖게 한다. 발명가 조지 워싱턴 카버(George Washington Carver)는 가난한 가정에서 태어났으며, 그의 가장 큰 소원은 책을 마음껏 읽는 것이었다. 화가인 메리 카샛(Mary Cassatt)은 여자이기 때문에 그림을 그릴 수 없다는 말을 들었으나 여류 화가가 되었다.
- 아이가 펜팔이나 체스 클럽, 모형 자동차 클럽 또는 멘사(Mensa, IQ가 높은 사람들의 모임)와 같은 동호회를 찾도록 도움을 주는 것이 좋다. 영재교육 기관이나 관련 단체에서 영재 자녀를 둔 부모 모임을 비롯한 많은 정보를 줄 것이다.
- 아이가 즐길 수 있는 토요반이나 저녁반에 등록시키는 것도 좋다. 지역 대학에 영재아를 위한 학급이 개설되어 있는 경우도 있다. 아이가 비슷한 관심사를 가진 다른 사람들을 만나고 사귈 수 있는 기회가 된다.
- 아이와 함께 자원봉사 활동을 하는 것도 도움이 된다. 아이와 부모가 모두 관심 있는 곳에 에너지와 시간을 투자하는 것이다. 이러한 활동을 통해서 다른 사람들과 나누려는 의지를 가진 사람들과 만날 수 있다.

영재학급은 자아존중감을 신장시킨다

- "우리 아이는 지금 중학교 2학년이고 네 살 때 수학영재인 것을 알았어요. 그 당시 우리 아이가 언어장애가 있다는 것도 알게 되었어요. 수학영재 프로그램에 참여하면서 우리 아이의 자신감이 높아지고 잘하는 분야에서 빛을 발할

수 있는 기회가 되었어요. 또한 '모든 것을 다 잘할 수는 없다.'는 태도를 가지게 되면서 언어장애를 수용하는 데도 도움이 되었어요. 한 사람이 영재성과 학습장애를 함께 가질 수 있다는 사실을 알게 된 것도 중요하지요."

- "우리 아이는 초등학교 저학년 때 많은 문제를 갖고 있었어요. 다른 아이들에게서 괴롭힘을 당하고 놀림감이 되었죠. 하루는 학교 운동장에서 두들겨 맞고 온 적도 있어요. 우리는 뭔가를 해야만 한다고 생각했어요. 그래서 아이를 영재학교로 전학을 시켰는데 그 뒤로 아이의 모든 게 달라졌어요. 영재 프로그램에 참여하면서 치유가 되고 전혀 다른 사람으로 바뀌었어요. 자존감도 높아지고 의사소통 기술도 개발되었어요. 내 아이를 이해해 주고 성공적으로 적응하도록 도움을 준 교육 프로그램과 선생님들께 항상 감사하고 있습니다."

민감성 다루기

영재아들은 민감한 경향이 있으며, 특정 분야에서는 특별히 아주 민감하다. 민감성은 무척 소중한 특성이 될 수 있다. 잘 이끌어 준다면 이러한 민감성은 이타심과 인류에 봉사하는 마음으로 계발될 수도 있다. 20세기 폴란드 정신과 의사이자 심리학자인 카지미에시 다브로브스키(Kazimierz Dabrowsky)는 민감성과 강렬함을 '과흥분성(overexcitability)'이라는 용어로 표현했다. 그는 삶을 더 강렬하게 경험하는 능력을 가지고 태어나는 사람들이 있다고 믿었다. 모든 영재들이 과흥분성을 가지고 있는 것은 아니지만 일반인에 비해 영재들이 과흥분성을 가진 사람들이 더 많다는 것을 발견했다. 다브로브스키에 의하면 과흥분성을 가지고 태어난 아동은 자극을 받아들이고 반응하는 능력이 뛰어나다. 그들은 예민한 감각과 어떤 것을 자각하는 능력, 자극에 강렬하게 반응하는 능력이 발달되어 있다.

다브로브스키는 과흥분성을 심동적(psychomotor), 감각적(sensual), 지적(intellectual), 상상력(imaginational), 정서적(emotional) 영역으로 나누어 다섯 가지 유형으로 분류했다. 이러한 과흥분성은 대체로 부정적인 행동이나 문제들과 관련되지만 기쁨, 아름다움, 감수성, 창의성, 공감 능력과 같이 긍정적인 측면도 있다. 교육 컨설턴트인 샤론 린드(Sharon Lind)는 과흥분성으로 인한 강점을 부각시키는 것이 중요하다고 강조했으며, 다음과 같이 과흥분성의 다섯 가지 영역에서 긍정적인 측면을 지원할 수 있는 방법들을 제안하였다.

심동적 과흥분성

심동적 과흥분성을 가진 아이들은 활동적이며 원기 왕성하다. 이들은 움직이는 것 자체를 좋아하며 에너지가 남아돈다. 또한 무언가 강렬하게 느낄 때 혹은 색다른 신체적 활동이나 행동이 필요할 때 그것에 대해 강박적으로 많은 이야기를 할 수도 있다. 이러한 심동적 과흥분성은 무례한 행동으로 나타나거나 신경증적 습관, 틱(tic) 또는 충동적인 행동으로 나타날 수 있다. 또는 강박적 행동이나 경쟁심 혹은 일중독의 형태로 나타나기도 한다. 이 아이들이 격렬한 행동을 하면서 성장하는 동안 주변 사람들은 이로 인해 무척 힘들어하게 된다. 부모나 교사는 그들이 자리에 앉아 조용히 있기를 원한다. 심동적 과흥분성을 가진 아이들 가운데 일부는 ADHD로 오진되기도 한다.

자녀가 이런 특성을 가지고 있다면 부모는 어떻게 해야 할까? 부모는 아이의 생활 속에서 활동하고 움직일 수 있는 시간을 계획하고, 그렇게 할 수 있도록 허락해야 한다. 학교에서 돌아와 부모와 이야기를 나누고, 가정에서 활동할 것에 대해서도 이야기를 나누도록 일정한 시간을 마련하는 것이 좋다.

감각적 과흥분성

감각적으로 과흥분성을 가진 아이들은 시각, 후각, 청각, 촉각, 미각에 예민하다. 그들은 감각적 경험에 대한 쾌감이나 불쾌감을 과도하게 표현한다. 그들은 강렬하게 느끼고 크게 상처받는다. 언어, 미술, 음악 영역에서 일찍부터 공감 능력이 발달하기도 하며, 맛, 시각적 장면, 소리, 냄새, 촉감 등 오감을 즐긴다. 버리려고 했던 오래된 담요를 아이가 가지고 다니는 것을 보았을 것이다. 이런 아이들은 담요에 묶여 있던 리본이 닳아 없어질 때까지 그 촉감을 즐기기도 한다. 또 담요의 친숙한 냄새를 좋아해서 어머니가 세탁하려 하면 싫어한다.

때때로 영재아들은 너무 많은 감각적 정보로 인해 과부하가 걸려서 그것들을 정리하는 데 어려움을 겪기도 하며, 이러한 감각적인 민감성으로 인해 산만해질 수도 있다. 감각적 과흥분성을 가진 아이들이 긴장을 하게 되면 과식하거나 물건을 마구 사거나 관심을 끌려고 하거나 혹은 오히려 자극을 피할 수도 있다. 입고 있는 옷 때문에 가렵다고 불평을 하기도 하고, 옷 안쪽 상표 때문에 긁힌다고 잘라 달라고 말할지도 모른다. 양말 안쪽에 접힌 부분 때문에 거슬린다고 말하거나, 자신이 좋아하는 옷만 계속 입으려고 할 수도 있다. 교실 안의 시끄러운 소리가 이 아이들을 귀찮게 할 수 있으며, 식당에서 나는 냄새 때문에 자신이 하는 일에 방해를 받기도 한다. 또는 음악이나 예술 활동에 빠져 그것 이외에는 아무것도 느끼지 못할 수도 있다.

만약 자녀가 감각적 과흥분성을 나타낸다면, 주변 환경을 편안하게 만들어 주고 가능한 한 불쾌한 자극들을 없애야 한다. 그리고 아름다운 것을 감상할 시간을 만들어 주면 좋다. 예를 들면, 무지개나 노을, 눈 내리는 풍경을 감상하고, 빗소리에 귀 기울이도록 하라. 클래식 음악을 듣거나, 함께 극장에 가 보는 것도 좋다. 아이를 주인공으로 하여 극적인 연출을 해 보기도 하고, 정원을 산책하거나 거품 목욕을 하는 것도 좋다.

지적 과흥분성

지적 과흥분성을 지닌 아이들은 믿을 수 없을 만큼 활동적인 정신을 가지고 있다. 이런 아이들은 열성적으로 질문하고 관찰하며 독서한다. 이들은 진실을 알고 싶어 한다. 문제를 해결하는 능력, 깊이 생각하고 오랫동안 집중할 수 있는 능력이 있다. 자신의 주변

뿐 아니라 더 넓은 세상의 정의와 도덕을 중요시 여긴다. 연륜에서 오는 지혜가 없으면서도 성인들의 문제에 대해서 걱정한다. 길거리에 있는 노숙자들은 어떻게 할 것인가? 우리 집의 남은 침대에서 자게 하면 안 될까? 에이즈 문제는 어떻게 하지? 빈곤은? 전쟁은? 환경문제는? 그들은 자신이 매우 중요하다고 생각하는 이 같은 문제들에 대해 사람들이 지속적으로 관심을 가지지 않고, 그러한 문제들을 풀지 못하는 것을 못 참고 비판한다. 또한 지독할 정도로 정직하다. 가끔은 학습에서 오는 흥분과 참지 못하는 특성 때문에 수업시간에 앞질러서 답을 불쑥불쑥 말해 버리기도 한다.

지적 과흥분성을 가진 아이들은 또래에 비해 자기중심성에서 일찍 벗어나 세상을 바꾸는 일에 관심을 가진다. 열 살의 한 소녀는 매일 밤 첫 번째로 보이는 별에 소원을 비는 것을 좋아했다. 그러나 장난감이나 옷과 같은 것이나 자신을 위해 비는 경우는 거의 없었다. 대신 이 세상의 평화를 위해 열심히 소원을 빌었다. 인구 과잉 문제는 지구의 심각한 문제라는 사실에 대해 충분히 인식하고 있었으며 토론할 수 있을 정도였다.

만약 자녀가 지적 과흥분성을 나타낸다면 아이가 자신의 관심사를 행동으로 실천할 수 있도록 도울 수 있을 것이다. 편지 쓰기나 노숙자 쉼터에 옷이나 음식 기부하기, 캠페인 하기 등 적극적으로 사회의 정치적인 행동에 참여하도록 도움을 줄 수 있다. 자녀가 자신도 다른 사람들을 도울 수 있다는 것을 알 수 있도록 해 주기 위해 관심사를 행동으로 옮기게 해 준다. 이와 같이 부모는 사회의 큰 문젯거리를 해결하기 위해 노력하는 모습을 보여 주는 모델이 되어야 한다. 문제해결을 위해 자료를 만들고 분석하고 신뢰할 만한지 평가하도록 하며, 새로운 정보를 사용하도록 격려해야 한다. 이 아이들은 다른 사람의 기분에 신경 쓰지 않고 거침없이 말하는 경향이 있기 때문에 다른 사람의 기분을 살펴 말하는 요령과 대인관계 기술을 가르칠 필요가 있다. 또 다른 사람과 반대되는 의견을 말할 때는 예의를 갖추어 말하는 연습을 하는 것도 좋다.

상상력의 과흥분성

상상력에서 과흥분성을 나타내는 아이는 내면에 풍부한 환상의 세계를 가지고 있다. 이들은 이미지, 인상, 은유를 사랑한다. 그리고 이야기를 지어내고, 정교하게 만들어 내며, 꿈꾸고, 그것을 가시화하는 능력을 가지고 있으며, 이야기를 풍부하게 하기 위해 허구와 사실을 조합할 수 있다. 상상의 친구가 이 아이들이 자신만의 세계를 창조하는 데 도움을 주고 있을지도 모른다. 이들은 지루함을 참을 수 없어 드라마를 만들기도 한다. 이런 아이들이 사실만을 다루는 수업 내용, 융통성 없는 고정된 내용을 다루는 수업시간에 집중하는 것은 불가능할 것이다. 그들은 일상적인 학급회의에 참석하거나 주어진 일을 하기보다는 이야기를 지어내고 그리거나 주제에서 벗어난 딴생각을 할지도 모른다. 『해리포터(Harry Potter)』와 같은 판타지 문학에 열광할 수도 있다.

종종 사실과 허구를 혼동하는 아이들은 새로운 정보가 창의적인 아이디어와 섞이게 되면 스스로도 사실을 가려내는 것이 어려울 수도 있다. 이럴 때는 아이들이 과장하여 표현하기 전에 사실을 따로 구분하여 기록하도록 격려하는 것이 도움이 될 수 있다.

아이가 자신의 상상력을 실제 문제를 해결하는 데 이용할 수 있도록 격려해야 한다. 즉, 독창적인 관점을 가지는 아이의 경우에 자신의 능력을 학습이나 생산적인 곳에 활용하도록 격려할 수 있을 것이다. 아이의 주변이나 학습 혹은 아이가 진행하고 있는 일 등을 체계적으로 정리하는 방법을 아이와 함께 모색해 보자. 아이디어가 너무 많은 아이들에게는 전통적인 방법이 때로는 맞지 않는다. 문제를 해결하기 위한 아이의 아이디어를 저널이나 동영상 등의 포트폴리오로 만들도록 하는 것이 좋다. 단, 이때 아이가 공상에 잠기거나 자신만의 아이디어를 만들어 낼 시간을 반드시 주어야 한다.

정서적 과흥분성

강렬하고 극단적인 정서나 감정의 강렬한 표현 등으로 인해 부모들은 아이의 정서적 과흥분성을 가장 먼저 알 수 있다. 정서적 과흥분성을 나타내는 아이는 동정심, 다른 사람의 감정에 공감하는 능력, 다른 사람의 기분을 헤아리는 세심함을 가지고 있으므로 사람, 장소, 물건 등과 깊고 강하게 애착을 형성할 수 있다. 아이가 느끼는 강렬한 감정은 숙제하기, 빨래 개기, 쓰레기 버리기와 같은 일상적인 일을 하는 데 방해가 된다. 이럴 때 주변 사람들은 종종 아이들에게 너무 극단적이고 매사에 과잉반응한다고 핀잔을 준다. 하지만 아이들은 감정을 너무 깊게 느끼기 때문에 복통, 두통 혹은 얼굴이 빨개지는 것과 같은 신체적 증상을 일으키기 쉽다. 죽음에 대해 걱정하기도 하고, 우울을 경험하기도 한다. 자신의 감정과 다른 사람의 감정을 높게 자각하는 만큼 인간관계에서 감정적 결여나 깊이를 예민하게 자각한다. 이것은 감정적 갈등을 일으키는 원인이 된다. 이 아이들은 요구가 많기 때문에 함께 사는 사람들이 힘들다고 느낄 수 있다.

정서적으로 과흥분성을 나타내는 아이들에게는 그들의 감정을 수용해 주는 것이 도움이 된다. 부모들은 아이의 말을 잘 들어 주고, 감정을 발산할 수 있도록 도와주어야 한다. 아이들의 정서 강도에 관계없이 수용해 주고, 문제를 해결하도록 도와주는 것이 건강하게 성장할 수 있도록 하는 것이다. 또한 위통, 두통, 신경과민 등과 같은 신체적인 경고신호를 스스로 알아차릴 수 있도록 가르치는 것이 필요하다. 그리고 문제가 되는 상황이 생기기 전에 초기에 대처하도록 조치를 취해야 한다. 그렇지 않으면 이러한 상태가 점점 탄력을 받아 통제가 안 되는 상황이 될 수도 있다. 아이의 반응을 예견하고 대비책을 알아보고 익히는 것이 부모와 자녀 모두에게 도움이 될 수 있다.

과흥분성 다루기

- 많은 영재아들은 자신이 또래들과 얼마나 유사한지보다는 얼마나 다른가에 초점을 둔다. 이들은 자신이 또래들과 똑같은 인간이라는 것을 잊고 그들과 동떨어져 있다는 부정적인 느낌을 가진다. 자신이 다른 사람들과 다른 점을 강점이 아니라 약점으로 여긴다. 이럴 경우, 가족 간에 서로에게 그리고 자기 자신에게 어떤 과흥분성을 보이는지에 대해 이야기를 나누어 보는 것이 좋다. 부모는 자녀의 민감성뿐만 아니라 자신의 민감성도 중요하게 생각해야 한다. 가족이 가지는 특별한 성향과 공통되는 유전적인 것을 긍정함으로써 자녀의 독특함을 인정하고 격려해야 한다.
- 아이가 민감하기 때문에 도움이 되는 것에 초점을 맞추고, 긍정적인 면을 강조해 주어야 한다. 그리고 아이가 이런 점 때문에 즐거움을 느끼는 것에 대해 같이 기뻐하도록 하라.
- 아이가 자신의 열정을 추구할 수 있는 기회를 주어야 한다. 아이가 좋아하는 것을 할 수 있도록 시간을 주라. 아이의 능력과 관심을 존중하라.
- 아이에게 언어적 · 비언어적 의사소통 기술을 가르쳐야 한다. 모든 사람은 사회에 적응하며 잘 살아가기 위해서 자신의 생각을 표현하는 방법뿐 아니라 다른 사람의 말을 듣고 적절하게 반응하는 법을 배울 필요가 있다. 자녀에게 질문하고 경청

하고 반응하는 방법에 대한 기본적인 예절을 가르쳐야 한다. 비언어적인 형식으로 의사소통하는 방식에 대해서도 가르쳐야 한다. 목소리 톤, 제스처, 얼굴 표정, 자세, 옷 입는 법 등 의사소통에서 필요한 모든 것을 가르쳐라. 많은 영재아들은 비언어적 표현을 잘 알아차리지 못하며, 다른 사람의 행동을 잘못 해석하기도 한다. 이러한 아이들에게는 언어로 표현하도록 격려해야 한다. 또한 아이가 자신의 감정을 통제하지 못할 정도가 되기 전에 자신의 감정과 생각을 표현하도록 격려해야 한다. 의사소통이란 다른 사람의 말에 귀를 기울이는 것을 의미한다는 것 그리고 올바른 의사소통을 위해서는 서로의 감정을 받아들이는 것이 가장 중요한 것임을 강조하라.

- 아이가 자신이 다른 사람에게 영향을 미친다는 것을 인식하도록 도와주는 것이 필요하다. 이 아이들은 다른 사람들이 자신의 행동을 어떻게 받아들일지에 대해 알 수는 있지만 느끼지는 못할 수도 있다. 아이가 다른 사람의 말이나 행동을 방해하는 것이 어떤 영향을 미칠 수 있을까? 나는 아주 뛰어난 초상화가 한 명을 알고 있다. 그는 다른 사람을 볼 때, 눈이 너무 가까이 붙어 있다든지, 턱이 비정상적으로 길다든지, 코가 전체 얼굴에서 얼마나 부조화스러운지, 눈썹이 너무 진하다든지 하는 것 등을 너무나 잘 안다. 그가 다른 사람의 얼굴을 보고 이렇게 말할 때마다 사람들은 "너무 비판적으로 말하시는군요."라고 말한다. 그의 관찰은 전혀 비판적인 것이 아니었다. 단지

그가 사물을 보는 방법일 뿐이다. 그러나 그가 보다 요령 있게 표현하는 방법을 알게 되면서 그의 사회적인 삶이 바뀌었다.

- 아이에게 스트레스를 관리하는 법을 가르쳐야 한다. 삶에 있어서 스트레스는 피할 수 없는 것이지만, 영재아들은 정신적 · 신체적 활동과 반응이 보다 왕성하기 때문에 더 많은 스트레스를 다룰 수 있어야 한다. 먼저 아이들이 스트레스 신호(두통, 초조하게 왔다 갔다 하기, 걱정 등)를 알아차리도록 도와주어야 한다. 그리고 스트레스에 대처할 수 있는 전략(누군가와 문제에 대해 이야기를 나누거나, 그림을 그리거나, 글을 쓰거나, 운동하거나, 명상하거나 하는 것 등)을 개발하도록 해야 한다. 아이가 재미있게 지낼 시간을 만들고, 자신을 이해하고 지지하는 친구들과 지낼 수 있도록 격려하라.
- 안전하고 편안한 주변 환경을 만들어 주어야 한다. 열정적인 사람들에게는 안식처가 필요하다. 편안함을 느끼는 것은 사람마다 다르다. 음악, 미술 작품, 편안한 옷, 부드러운 색감 등은 마음을 고요하고 차분하게 할 수 있다.

참을성 없고 너무 바른말만 하는 아이

영재들은 자신이 어리석은 행동을 한다는 것을 받아들이지 않으며, 이들의 부모들도 이와 같은 생각을 한다. 그러나 영재아들도 옳은 것만 중요한 것은 아니라는 것을 배워야만 한다. 다른 사람에게 불쾌한 말을 하지 않고 참는 것이 예의 바르고 공손한 것이라는 사실을 알 필요가 있다. 예를 들면, 할아버지가 틀린 문법을 사용할 때, 그가 틀렸다고 지적하기보다는 그가 평생을 그렇게 사용해 왔기 때문이라고 이해하고 사랑하는 마음으로 할아버지의 말씀을 들어 주는 것이 더 낫다.

또래에게 거부당하는 영재아들은 또래의 거부를 어떻게 다루어야 할지 잘 모른다. 부모는 이런 아이들에게는 사회적 관계를 맺는 요령을 가르쳐야 한다. 자신을 소개하는 법, 감사의 편지를 쓰는 법, 상대방의 마음을 아프게 할지도 모르는 말과 같은 일상의 예절에 대해 가르칠 필요가 있다. 다른 사람의 기분을 상하지 않게 질문하는 법과 질문을 해도 되는 때와 장소에 대해 분명히 이해시켜야 한다. 생각나는 대로 바로 질문하는 것이 듣는 사람의 마음을 상하게 할지도 모른다고 생각한다면 그것을 잊어버리지 않도록 메모하는 방법을 가르쳐라.

아이가 특히 비난을 많이 한다면 그것은 자기 자신에 대해 좋은 감정을 느끼지 못한다는 것을 간접적으로 보여 주는 것일 수도 있다. 다른 사람을 깎아내리고 잘못을 지적하는 것이 자신의 자아존중감을 높이려는 노력인 것이다. '내가 얼마나 괜찮은 사람인지 좀 봐 주세요.'라고 외치는 것일지도 모른다. 부모가 자신의 자녀가 영재라는 것을 안다고 해서 반드시 자녀도 그것을 알고 있는 것은 아니다. 사람들에게 영리하다는 소리를 계속해서 들어 온 아이라 하더라도 많은 영재아들은 자신이 영재 행세를 하는 위선자인 것으로 밝혀질까 봐 두려워한다.

언젠가 머지않아(이미 일어난 일일 수도 있지만) 부모의 종교적 믿음에 대해 의문을 가질 수도 있다. 아이는 해답을 찾고 있는 것이다. 부모와 다른 종교를 원할지도 모른다. "엄마 아빠가 하라고 하면 그렇게 하는 거야."라는 식의 말로 아이의 행동이나 믿음을 강요할 수는 없을 것이다. 예를 들어, 가족이 매주 종교 행사에 참여하는데 어느 날 아이는 더 이상 가고 싶지 않다고 생각할지도 모른다. "예배는 우리 가족이 반드시 함께해야 하는 거야. 너는 우리 가족의 일원이고 네가 그곳에 함께 가는 것이 우리에게는 무척 중요해. 네가 좀 더 나이가 들면 예배에 참석하는 것에 대해 스스로 결정할 수 있을 거야."라고 말하는 것이 최선일지라도 부모는 아이의 질문에 솔직하게 답해 주어야 한다.

영재아들은 세상은 무서운 곳이라고 생각할 수 있기 때문에 가끔은 아주 미성숙한 행동을 할 수도 있다. 아기 같은 행동을 하면 안전하다고 생각하기 때문이다. 이런 아이에게는 다 큰 아이로 행동하는 것이 너무 큰 부담이 될 수 있다. 2학년인 한 영재아는 자신은 절대 더 자라기를 원하지 않는다고 말했다. "집에서 사는 게 훨씬 쉽고 그곳에서는 모든 것이 가능해요. 집에서는 내가 보호받잖아요." 부모는 자신의 자녀가 능력을 계발하도록 격려하고, 자신감을 가지도록 도와주며, 아이 스스로 문제를 해결할 수 있도록 도와야 한다. 아이는 문제가 사라지기를 희망하거나 문제가 없는 척한다고 해서 문제가 없어지는 것이 아니라는 것을 배울 필요가 있다. 한편으로, 아이가 이상주의나 불의를 참지 못하는 정의감을 가진 것에 감사하려고 노력하라. 이것이 우리 미래의 희망이다.

완벽주의의 문제

완벽주의는 불가능한 목표를 완벽하게 하고자 하는 요구나 욕구를 말한다. 이 완벽주의는 영재아들이 직면하는 가장 파괴적인 문제 중 하나다. 이 아이들은 어떤 이상적인 성공을 성취하기 위해 자기 자신과 주변 사람들까지도 미칠 지경까지 몰아갈 수 있다.

기준을 높게 잡는 것이 나쁜 것은 아니다. 세세한 것까지 주의를 기울이는 것은 과학적 발견에서 필수적이다. 탁월한 성과를 이루기 위해서는 전념하는 것이 필수적이지만 이것을 완벽주의와 혼동해서는 안 된다. 완벽주의는 자신이 실현하기에 불가능한 목표를 정함으로써 실패를 불러오게 되며, 이러한 실패 때문에 자신이 무가치하다고 느끼게 되는 것이다. 이 아이들은 자기가 실패한 것처럼 행동하거나 혹은 실패할 것이라고 예측하는 것조차도 우리가 생각하는 것 이상으로 훨씬 더 두려워한다. 그리고 살아남을 수 있는 유일한 방법은 완벽해지는 것이라고 생각한다. 부모는 아이에게 이것이 문제라는 것을 알려 주어야 한다. 아이가 높은 수준의 잠재력을 가지고 있어서 성공할 수 있는 요소를 갖추고 있음에도 불구하고, 아이 스스로 주변 사람들이 자신을 실패자로 볼 것이라고 생각하고 있다면 이것은 위험한 일이다.

그렇다면 완벽주의가 왜 그렇게 나쁜 것일까? 먼저 완벽주의자들은 자신은 완벽해야 한다고 느끼기 때문에 새로운 경험을 피하려고 한다. 이들은 자신의 결함이 드러나지 않을 확실한 것에만 선택의 한계를 두게 된다. 아이 자신의 능력으로는 불가능한 높은 기준을 설정하고, 이것을 시도한다는 것은 곧 실패를 의미한다. 그래서 이런 아이들은 시도한다면 성공할 수 있는 것조차 못하게 된다. 익숙하지 않은 것이나 쉽게 할 수 있는 것이 아니면 절대 모험을 하지 않는다.

완벽주의가 미성취(underachievement)의 근본 원인이 될 수도 있다. 완벽주의자인 아이들은 자신이 완벽하게 해낼 수 있는 것으로 생각하는 것과 이상 간에 큰 차이가 있을 때는 쉽게 포기해 버린다. 그러고는 자신이 시도하지 않아서 그렇다고 항상 이야기한다. 이런 이유로 많은 영재아들이 학교를 중퇴하는 데까지 이르게 된다.

이런 영재아들에게는 무언가를 배우는 과정에서는 틀릴 수 있고, 틀리는 것은 자연스러운 것이라는 사실을 가르칠 필요가 있다. 진정한 배움은 항상 한 번 만에 알게 되는 것이 아니라 때로는 연습과 시행착오, 반복의 과정이 필요하다. 완벽주의 성향의 아이들은 목표를 이루지 못하는 것이 곧 실패라는 생각을 가지고 있다. 그러나 실패는 성장할 수 있는 기회라는 것을 가르쳐야 한다. 실패가 허용되는 안전한 환경을 조성해야 하며, 아이는 실패를 경험함으로써 더 큰 성장을 이룰 것이다. 그러나 아이가 실패할 수 있는 상황을 만들도록 그냥 내버려 두지는 말아야 한다. 대신 자신의 능력을 발휘할 수 있는 경험을 하도록 기회를 마련해 주어야 한다. 다시 말하면, 아이가 배우고 열심히 노력하는 것을 옆에서 든든하게 지원하는 것이 중요하다. 아이가 하는 일과 생각하는 과정을 칭찬해 주고, 배우고 열심히 노력한다면 결과가 완벽하지 않더라도 기뻐해 줄 수 있어야 한다.

이러한 과정에서 보살피고 격려하는 태도로 아이를 대해야 한다. 영재교육이 제대로 시행되는 학급에서는 실패가 허용되고, 결과보다는 노력하는 과정을 격려해 주는 환경이 조성된다. 한 4학년 아이가 제정신이 아니게 흥분한 상태로 B 등급의 성적표를 가지고 집으로 왔다. 아이는 마치 세상이 끝난 것처럼 생각하고 있었다. 아이의 현명한 부모는 "왜 A를 못 받았니?"라고 말하는 대신에 "뭘 배웠니?"라고 물었다.

완벽주의에서 오는 고통으로부터 자신의 아이를 지키기 위해 부모는 많은 것을 할 수 있다. 아이의 부정적인 면에 초점을 맞추거나 성적, 성적이 좋아지는 것, 앞서 가는 것, 더 잘하는 것이 얼마나 중요한가를 아이에게 끊임없이 이야기하는 것이 바로 부모가 아이를 압박하는 지름길이다. 어떤 아이들은 어려운 일을 피하기 위해 쉬운 일을 아주 느리게 하며 질질 끄는 방법으로 부모의 압박에 반응한다. 사실, 어떤 완벽주의자 영재아들은 부모와 교사가 못 견딜 정도로 과제를 너무 느리게 한다. 또한 어떤 아이들은 실패하지 않으려고 일을 끝까지 미루기도 한다. 부모는 아이가 잘하려고 하는 마음, 바보 같은 실수를 할까 봐 두려워하는 마음을 이해한다는 것을 아이에게 알려 주어야 한다. 그리고 부모는 아이에게 있어서 가정이 새로운 생각이나 주제를 탐구하기 위한, 정서적으로 편안하고 안전한 장소가 되도록 만들어 주어야 한다. 또 아이가 시간을 체계적으로 관리하도록 도와주어야 한다. 목표를 크게 잡을 경우, 끝까지 미루다가 아무렇게나 하게 될 수도 있으므로 실제로 아이가 실행할 수 있도록 목표를 세부적으로 나누는 것이 좋다.

영재아들은 자신이 쓴 글이나 그림이 책에 나와 있는 것과 똑같지 않다는 이유로 종이를 계속 찢어 버리기도 한다. 이런 아이들에게는 이미 완벽한 형태의 그림이 그려져 있고, 색칠만 하게 하는 형식의 책은 창의성을 저해할 수 있으므로 좋지 않다. 대신 실제 사물을 경험하고 자신이 받은 인상을 그대로 그려 보게 하는 것이 더 좋은 방법이다. 유명한 화가들이 한 가지 대상을 자신들이 관찰한 것에 근거하여 얼마나 다양하게 창의적으로 표현하는지를 보여 주는 것이 도움이 된다. 부모가 독특하고 독창적인 것에 가치를 둔다는 것을 아이가 알수록 자신만의 느낌을 표현하는 데 더 자유로워질 것이다.

만약 부모가 아이의 놀라운 능력에 경외심을 가지고 있다면, 자신도 모르는 사이에 아이가 더 많이, 더 잘하도록 쉬지 않고 몰아붙이고 있을지도 모른다. 아이가 해내는 모든 단계마다, 매일 그리고 모든 행동을 칭찬하는 것은 자신도 모르는 사이에 아이를 몰아

붙이는 것이 된다. 물론 칭찬은 긍정적인 것이지만 계속된다면 오히려 좋지 않다. 때로는 지나친 칭찬이 부정적인 반응을 불러올 수도 있다.

예를 들면, 아이가 한 모든 일에 칭찬을 한다면, 가끔 칭찬하지 않을 경우에 아이는 어쩌면 자기가 한 것을 인정하지 않는 것으로 생각할 것이다. 어느 부모가 "우리 아기 오늘 너무 예쁘네."라고 매일 말하는 습관이 있다고 생각해 보자. 여기에 아무런 문제가 없는 것처럼 보이지만, 어느 날 잊어버리고 그 말을 하지 않게 되면 아이는 자기 모습에 뭔가 잘못된 것이 있다고 생각할지도 모른다.

영재아들은 대부분의 것을 잘하기 때문에 아무 생각 없이 아이를 칭찬하는 습관에 빠질 수 있다. 결국 아이는 계속 잘해야 한다는 압박감에 시달리면서 앞으로도 계속 잘할 수는 없을 것이라는 두려움을 느낄 수 있다. 칭찬을 너무 많이 듣는 사람들은 자기 자신 그 자체로서가 아니라 자신이 뭔가 잘 해냈기 때문에 사람들이 자신을 알아주는 것이라고 믿기도 한다.

그렇다면 아이를 칭찬하지 말아야 하는가? 물론 그런 것은 아니다. 그냥 아이가 노력하는 것 자체에 대해 좋은 말을 해 주도록 해야 한다. "이번 과제가 정말 재미있나 보구나."라든지 "이번 프로젝트에서 흥미 있는 것들을 많이 배우게 돼서 재미있었잖니?"와 같은 말을 해 주는 것이 좋다. 단지 아이가 과제를 끝내는 것에 관심을 두기보다는 과제를 해내는 과정을 칭찬해 주라.

그러나 절대로 비판을 해서는 안 된다. 비판은 창의력과 상상력

파괴적인 말, 긍정적인 말

아이들에게 어떤 식으로 말하는가? 문제나 실수를 지적할 때, 건설적으로 말하는가, 아니면 파괴적인 말을 하는가? 격려하는 말을 하는가? 아니면 의욕을 꺾어 버리는 말을 하는가? 다음에서 부모들이 흔히 하는 아이들의 기를 꺾어 버리는 말과 그 말 대신 어떤 긍정적인 말을 사용할 수 있는지를 제시하였다.

이렇게 말하는 대신……	이렇게 말해 주세요!
"이게 도대체 뭐야?"	"네 성적표에 대해 어떻게 생각하니?"
"난 네가 모든 과목에서 A를 받을 줄 알았어."	"어떤 새로운 것을 배웠니? 뭐가 가장 어려웠어?"
"왜 똑바로 못하니?"	"너는 ……는 아주 잘하잖아."
"아직도 ……를 못하는구나."	"이 부분은 정말 많이 나아졌네?"
"왜 이건 못하는 거지?"	"난 네가 ……할 때가 좋아."
"가서 찾아봐."	"함께 찾아보자."
"그런 건 바보짓이야."	"그래서 네가 실수를 했구나. 좋아, 이걸 통해 뭘 배웠지?"
"나이에 맞게 행동해."	"네 기분이 어떤지 알겠구나."

을 막는 확실한 적이다. "내가 그렇게 말했잖아." 혹은 "더 잘했어야지."라고 말하기보다는 "이걸 하면서 무엇을 배웠니?"라고 묻는 것이 훨씬 더 도움이 된다. 이렇게 말할 때는 '내가 그렇게 말했잖니?'라고 말하고 싶은 마음을 숨기고 겉으로만 해서는 안 되며 진심으로 부모가 이렇게 느끼고 말하는 것이 중요하다.

어떤 아이들은 비판을 받았던 순간을 절대 잊어버리지 않는다.

나에게도 절대 잊히지 않는 기억이 있다. 1학년 때, 우리는 빨간색 헛간을 그리게 되었는데, 나는 비바람에 색깔이 바랜 헛간을 그리고 싶었기 때문에 분홍색으로 그렸다. 선생님은 나의 그림을 보고는 헛간을 분홍색으로 그렸기 때문에 다른 아이 것만큼 잘 그리지 못했다고 말씀하시면서 전시해 주지 않았다. 분홍색으로 칠한 것에 대해 논리적인 설명을 했는데도 선생님은 들어 주지 않았다.

자신의 외모에 신경을 많이 쓰는 영재아들도 있다. 아주 어린아이조차 자신의 머리 모양이 마음에 들지 않을 때 이해가 안 될 정도로 화를 내기도 한다. 이들은 완벽하게 보이면 실제로 완벽해질지도 모른다고 믿기 때문에 자신의 모습이 최대한 완벽하게 보이기를 원한다.

어떤 영재아들은 시험 전에 극도의 불안감을 나타낸다. 이것은 완벽주의를 보여 주는 또 하나의 예다. 아마도 이들은 시험을 잘못 치르면 다른 사람들이 자신에게 걸었던 기대만큼은 아니라는 것이 밝혀질 것이라고 생각하는 듯하다. 이들은 다른 사람들이 자신을 거짓말로 영재인 척하는 것으로 알까 봐 두려워할뿐더러 A를 맞아도 잘하지 못한 것으로 생각한다.

아이가 완벽주의의 함정을 피하도록 돕는 한 가지 방법은 학교에서든 가정에서든 아이에게 주어지는 과제가 너무 쉽지도 않고 너무 어렵지도 않게 해 주는 것이다. 과제가 너무 쉬우면 대충 하는 습관이 생기게 되고 모든 것이 항상 쉬울 것이라는 생각을 하게 된다. 이런 이유로 고등학교까지는 쉽게 다니다가 대학에서 성적

불량으로 퇴학당하는 영재아들도 있다. 반면에 과제가 너무 어렵거나 명확하게 정의된 것이 아니면 쉽게 포기해 버린다. 대부분의 다른 아이들처럼, 영재아들도 자신의 능력보다 조금 어려운 과제가 주어질 때 최선을 다하게 된다. 아이들이 약간의 좌절감을 경험한다면 최선을 다해 목표에 도달하려 할 것이다. 이것이 아이들이 성장하는 방법이다.

아이의 과제를 대신 해 주지 않도록 조심해야 한다. 부모가 해 주게 되면 아이는 혼자서는 할 수 없다고 생각하게 되어 지나치게 부모에게 의존하는 태도를 가질 수 있다.

때로는 어린 완벽주의자 자녀에게 부모가 해 줄 수 있는 최선의 행동은 경청이다. 아이가 좌절감으로 고통스러워할 때 "완벽하게 해내고 싶구나." "정말 열심히 노력하고 있구나." 혹은 "너의 노력은 인정받을 만해."와 같은 말을 차분하게 해 주는 것이 좋다. 모든 사람은 실패할 때가 있다는 것, 그래도 괜찮다는 것을 말해 주라. 최고의 업적을 이룬 위인들의 전기는 위대한 업적을 이루기까지 많은 노력과 실패가 있었다는 것을 아이에게 보여 주는 면에서 도움이 된다. '실수'에서 얼마나 많은 발견과 발명이 나왔는지 살펴보면 알 것이다. 포스트잇, 전자레인지, 다이너마이트, 스테인리스강, 심지어 건포도와 커피까지 모든 것이 실수의 결과인 것을 아는가?

예를 들면, 토머스 에디슨(Thomas Edison)은 전구를 발명할 때, 전구에 맞는 필라멘트를 찾아내기 위해 1500번의 필라멘트 실험을 했다. 마지막 실험 이후에 조수가 그에게 물었다. "에디슨 선생님, 1500번 실패한 기록을 세우셨는데요, 어떻게 생각하세요?" 에디슨은 대답했다. "그건 실패가 아닐세. 우리는 이제 전구 작동이 되지 않는 필라멘트 1500가지를 알게 되지 않았나."

부모와 교사가 아이에게 공공연하게 압박감을 주지 않더라도 영재아들은 내적인 스트레스와 긴장감으로 고통받고 있을지도 모른다. 어떤 완벽주의자 영재아들은 긴장을 적절히 해소하지 못할 경우 궤양, 틱장애, 신경증 등이 생기기도 한다. 이런 경우에는 운동, 긴장완화법, 명상, 좋은 식습관, 재미있는 시간 가지기, 웃기 등이 도움이 된다.

완벽주의자들은 실수에 대한 내성이 약하다. 영재아들은 과제를 완성했다거나 혹은 노력을 경주하고 있다는 것에 자부심을 갖기보다는 상을 받지 못했다거나 기록을 깨지 못했다는 것에만 신경을 쓸지도 모른다. 부모 자신이 현실적인 목표를 세우고, 아이도 그렇게 하도록 도움을 주는 것이 좋다. 또한 부모 자신부터 긴장을 푸는 법을 배워야 한다. 자신의 실수를 인정하는 모습을 아이에게 본보기로 보여 주어야 하며, 한 번 실수를 한다고 해서 인생이 잘못되지는 않는다는 것을 보여 줄 필요가 있다.

무엇보다 전력을 다해야 할 때와 그냥 놔두는 것이 최선일 때를 구별하도록 도와주어야 한다. 그냥 하면 되는, 일상적으로 반복되는 일들을 완벽하게 해낼 필요는 없다. 나에게는 먼지를 터는 일이 그런 것이다. 나는 더러운 집에서 사는 것을 좋아하지는 않지만 아

무리 자주 먼지를 턴다 하더라도 탁자 위에 먼지가 남아 있을 것이다. 청소를 매주 하기는 하지만 전체적으로 볼 때 내 인생에서는 청소보다 다른 것들이 우선이다. 나는 아이들에게도 자신의 생활에서 우선적인 것을 먼저 정하라고 가르친다. 정말로 중요한 것이 무엇인지 정하고 그것을 위해 정진해야 한다.

가장 중요한 것은 부모 자신이 아이에게 완벽주의자의 표본이 되어서는 안 된다는 것이다. 친구들이 오기 전에 집 안을 청소할 시간이 없다면 잠깐은 속상할 수도 있을 것이다. 그러나 그것이 생명을 위협하는 위기 상황은 아니다. 가정이나 직장에서 실수했을 때는 그 실수에 대해 이야기하고 그로 인해 세상이 끝나는 것은 아니라는 것을 아이가 알도록 하는 것이 좋다. 크든 작든 실망과 실패는 삶의 자연적인 부분이며 그것들로 인해 우리는 배우게 된다.

걱정이 될 때

아이가 자신의 문제를 감당할 수 없게 되어 구원병을 요청해야 할 때가 언제인지 어떻게 알 수 있을까? 때로는 학교 상담교사, 심리치료사 혹은 비슷한 사례를 다루어 본 적이 있는 전문가를 찾는 것이 도움이 된다. 그러나 이것이 그냥 일시적인 현상인지 아니면 심각한 상황인지를 항상 명확하게 구분하기는 어렵다. 학교 선생님의 의견을 들어 보는 것이 좋다. 자녀의 행동을 합리화하거나 방어하려 하지 말고 부정적인 면과 긍정적인 면 모두를 받아들일 마음의 준비를 해야 한다. 교사들은 많은 부모들이 아이의 문제가 분명히 보이는데도 그것을 받아들이지 않는다고 불평한다. 아이에 대한 정확한 기록이 있으면 이것이 문제를 해결하는 데 중요한 역할을 한다. 학교와 가정에서 모두 아이의 문제행동과 이에 따른 시간과 장소를 기록해야 한다.

문제가 될 수 있는 10가지 행동

지금이든 나중이든 아이의 생활에서 정말 문제의 원인이 될 수 있는, 뭔가 정상적인 범위를 벗어나는 일이 일어나고 있다면 어떻게 이것을 알 수 있을까?

아이에게 있어 문제가 될 수 있는, 경계해야 할 신호에는 어떤 것이 있는지 살펴보자. 이런 문제들은 무시하고 넘어가서는 안 되는 것들이다. 초기에 개입하여 대처하면 감당하지 못할 정도로 문제가 심각해지지는 않을 수 있다. 만약 지나치게 걱정할 일이 아닌 것으로 밝혀지면 다행이라고 생각하면 그뿐이다.

1. 스스로를 고립시키는 행동

아이가 부모, 가족, 모든 사회적인 상황, 심지어는 친한 친구조차 피한다면 걱정해야 한다. 아이들이 자기 방에 오랫동안 틀어박혀 있는 것은 정상적이다. 아이들은 대개 친구와 전화로 수다를 떠는 것을 좋아하기 때문이다. 그러나 아이가 거의 모든 시간을 혼자서 보낸다면 경고신호로 생각하고 원인을 찾아봐야 한다. 텔레비전이나 컴퓨터 같은 것은 가족 모두가 함께 사용하는 공간에 두는 것이 좋다. 이렇게 하면 아이가 자기 방에 혼자 있을 핑계거리를 없앨 수 있다.

2. 극단적인 완벽주의

만약 아이가 자신이 완벽하게 할 수 있는 것만을 하려 하고, 작은 위험도 감수하려 하지 않으며, 익숙하지 않은 새로운 과제는 어떤 것도 하려 들지 않을 만큼 완벽주의자라면 그냥 지나쳐서는 안 된다. 또한 실패를 할까 두려워서 쉽게 포기하거나 아무것도 하려 하지 않는 아이도 잘 살펴보아야 한다. 어느 쪽이든지 간에, 이런 아이들은 아마도 스스로도 괴로운 상태일 테니 도움이 필요하다.

3. 깊은 무력감

우리 모두는 세상에서 일어나는 어떤 일이나 자신에게 일어나는 일에 자신이 영향을 미치고 있다는 느낌을 가지고 싶어 한다. 자기가 완전히 무력하다고 느끼는 영재아는 무력감에 더해 고통과 분노를 느낀다. 세상에서 일어나는 일이나 어른들의 세계에 자신이 어떠한 영향도 미칠 수 없다는 확신이 들 때, 무력감과 함께 자신이 쓸모없는 존재라는 느낌을 가진다. 이런 아이들은 부정적인 태도나 분노의 감정을 키우거나 다른 사람을 욕하고 깎아내리는 방식으로 반격을 가할지도 모른다. 또한 이른들과 사회에 대헤 불신감을 가지기 시작한다.

4. 폭력에 대한 비정상적인 관심

폭력은 우리 문화에서 흔히 미화된다. 미디어는 어떤 면에서는 과거 세대에는 드러나지 않았던 세상의 사건들을 우리에게 보여준다. 영재아는 세상에서 벌어지는 잔혹한 행위들에 관해 알고 있다. 자신이 이해하고 납득할 수 있는 한계를 넘어선 폭력을 직접 볼 수도 있고, 텔레비전, 영화, 컴퓨터, 비디오게임 등을 통해 폭력에 과다하게 노출되어 있다. 어떤 아이들에게는 이것이 관심 밖일 수 있지만 어떤 아이들은 폭력에 매료될 수 있다.

직접 해 봄으로써 더 잘 배우는 영재아인 존이 바로 그런 경우다. 이 아이의 부모는 아이가 지속적으로 질문하고 실험하는 데 이골이 나 있었다. 그러나 아이가 죽은 동물을 해부하기 위해 집으로 가져오기 시작한 이후부터 부모는 아이의 변화에 관심을 가지기 시작했다. 아이는 처음에는 단순한 과학적 호기심에 이끌렸지만, 점차 그의 관심은 이상하게 뒤틀려져서 동물을 절단하고 고문하기 시작했다. 동물을 잔혹하게 다루는 것은 심각한 문제를 일으킬 수 있다는 경고신호로 보아야 한다.

『영리한 소년들(Smart Boys)』의 저자인 바바라 커(Barbara Kerr)와 샌포드 콘(Sanford Cohn)은 폭력 문화에 영향을 받고 있는 영재아의 긴장감과 소외감이 합쳐지면 정신적으로 불안정한 상태가 된다고 주장한다. 이 책에서 제시한 에릭 해리스의 사례를 보면 다음과 같다. "1999년 콜로라도 주 컬럼바인 고등학교에서 딜런 클레볼드와 함께 교사와 학생들을 총으로 쏴서 살해한 에릭 해리스는 수학 우등생이었다. 다른 여느 고등학교처럼 컬럼바인 고등학교도 학교 문화에 적응해야 하는 사회적 압력이 강한 학교였다. 그는 괴짜로 알려져 있었으나 괴짜라는 자신의 평판을 싫어했다. 그는 미디어의 폭력에 노출되어 있었고 폭력에 관심을 집중하며 많은 시간을 보냈다. 그는 백인 지상주의 문학에 심취하기 시작했고, 그의 뛰어난 지적 능력으로 살인에 쓰이는 도구를 만드는 방법뿐만 아니라 백인 지상주의 철학을 연구했다." 연쇄 소포 폭탄 테러범인 테드 카진스키는 수학 천재였다. 그는 어릴 때 심한 처벌과 비판을 받은 경험이 있었다. 이후 그는 우편물 폭탄을 개발했고 20년간의 테러

행각으로 인해 23명의 사람들이 부상을 당했고 3명이 사망했다.

5. 섭식장애

일반적으로 우리 사회에는 깡마른 것이 아름답다는 인식이 널리 퍼져 있다. 왜 여자아이들이 아주 날씬해지는 것에 집착하는지 이해하는 것은 어려운 일이 아니다. 조금만 체중이 늘어도 매력이 떨어지는 것은 아닐까 두려워하며 일부는 거의 죽음 직전까지 굶기도 한다. 이 장애를 '신경성 식욕부진(anorexia nervosa)'이라 한다. 실제로는 매우 날씬함에도 불구하고 자신의 눈에는 뚱뚱한 것으로 보인다. 이 신경성 식욕부진은 예전에는 주로 여자아이에게서 발병하는 것으로 여겨져 왔으나 남자아이에게서 진단되는 경우도 점점 더 많아지고 있다. '뚱뚱하면 안 된다.'는 생각을 가진 운동선수나 '뚱뚱하면 좋은 성적을 낼 수 없다.'는 것을 아는 스키 선수 같은 사람들도 섭식장애에 굴복할 수 있다.

앤의 사례를 살펴보자. 날씬한 앤의 언니는 치어리더이고, 학교 축제의 여왕 후보이기도 한, 모든 면에서 우수한 학생이다. 앤은 언니처럼 되고 싶었다. 앤 또한 우수한 학생이었지만 자신을 긍정적인 시각으로 보지 않았다. 그녀는 열네 살로 건강하고 날씬했음에도 불구하고 스스로 뚱뚱하다고 생각했다. 그래서 다이어트를 결심했다. '안 먹으면 살이 찌지 않겠지.'라고 스스로에게 말했지만 곧 살이 찌지 않는 것만으로 만족하지 못했고 살을 빼고 싶었다. 만약 살이 빠진다면 사람들이 자기를 더 좋아할 것이라고 확신

했다. 그러나 살은 생각만큼 빨리 빠지지 않았으며, 부모는 앤이 아무것도 먹지 않는 것에 대해 걱정하기 시작했다. 앤의 부모는 앤에게 밥을 먹도록 강요했고 결국은 밥을 먹었으나 바로 화장실에 가서는 다 토해 냈다. 심지어는 폭식을 하고 나서 다시 토해 내기도 했다. 이것이 폭식증(bulimia)의 전형적인 증상이다.

반대로 팀은 강박적으로 먹어 대는 아이다. 그는 신체적 완벽함을 추구하기 위해 굶는 것 대신에 먹는 것에서 위안을 찾음으로써 세상의 공격으로부터 자신을 지킨다. 그는 도넛 12개, 라지 사이즈 피자 한 판, 4리터에 달하는 탄산음료를 마시고 나서야 얼마나 먹었는지 깨닫는다. 또 방이나 가방, 개인 사물함에 음식을 숨겨 놓고 먹기도 하며, 점심시간에 먹는 것에 집중하다가 뒤늦게 혼자 점심을 먹고 있다는 사실을 알아차릴 정도다.

자녀에게 섭식장애가 있는 것이 부모의 잘못은 아니지만 아이가 회복하기 위해서는 부모의 역할이 중요하다. 뿐만 아니라 장애를 예방하는 데도 부모의 역할이 크다고 할 수 있다. 무엇보다도 섭식장애의 경고신호를 알아차리는 것이 매우 중요하다. 급작스러운 몸무게의 감소, 운동에 강박적으로 매달리기, 규칙적으로 식사를 거른다든지 식사 중 혹은 식사 후에 화장실로 사라진다든지 하는 명백한 경고신호를 부모가 알아차릴 때쯤에는 이미 섭식장애가 뿌리 깊이 자리 잡고 있을지도 모른다. 제때에 효과적으로 전문가의 도움을 받기 위해서는 경고신호를 일찍 알아차리는 것이 중요하다. 섭식장애는 음식 자체에 대한 것이 아니라 정서적인 문제를 해결하기 위해 음식을 오용하는 것이다. 음식이나 섭식과 직접적으로 관련되지 않은 정서, 행동, 태도와 같은, 눈에 확실하게 보이지 않는 경고신호에도 주목해야 한다. 조기 경고신호에는 다음과 같은 것들이 있다.

- 자기통제 또는 자아존중감의 문제
- 무절제한 행동 또는 융통성이 없음
- 이분법적 사고(흑백논리)
- 스트레스에 잘 대처하지 못함
- 피로, 우울, 동기 상실 및 사회적으로 위축되어 있음
- 외모에 대한 고민
- 문제를 효과적으로 해결하는 데 대한 어려움

부모는 가정에서 균형 잡힌 식사와 운동을 함으로써 자녀에게 본보기가 될 수 있고, 이것은 섭식장애를 예방하는 데 부모가 할 수 있는 중요한 역할이다. 규칙적인 시간에 식사를 준비하고 가족이 함께 즐겁게 식사하는 것이 좋다. 아이가 먹는 음식에 신경을 쓰는 것이 아니라 아이의 감정을 살펴 주고, 응답해 주며, 섭식장애에 관해 가능한 한 많이 배우고, 아이에게도 가르쳐 주어야 한다.

만약 자녀가 섭식장애를 가지고 있다면, 부모는 자기 자신과 아이 그리고 도움을 주고 있는 전문가에게도 현실적인 기대를 가져야 한다. 섭식장애를 치료하는 것은 과학과 같이 정확하게 이루어

지는 것이 아니기 때문이다. 가족치료 프로그램에 전적으로 참여하여 집중하고, 생산적인 목표를 세우고 아이와 함께 변화해야 한다. 아이에게는 최선의 도움을 받을 자격이 있다. 아이에게 반드시 그런 도움을 주어야 한다.

6. 약물 남용

영재아들은 인정받아야 하고, 뛰어나야 하며, 세상을 바꾸어야 한다는 것과 같은 많은 압박감에 시달린다. 이러한 압박감이 너무 커질 때 분출할 곳을 찾는 것은 자연스럽다. 건강한 해결책으로는 운동, 명상, 긴장 완화 기법 등이 있으며, 건강하지 못한 해결책으로는 술이나 약물을 사용하는 것 등이 있다. 영재아들은 자신들이 약물에 대해 잘 알고 있고, 이를 통제하는 법을 안다고 생각하기 때문에 술을 마시거나 약물을 사용하는 것이 큰 문제가 되지 않을 것이라고 생각할 수도 있다.

제리는 우등생이고, 친구들에게도 인기가 많으며, 체조에 재능이 있는 학생이다. 그는 완벽한 기술을 연마하려고 노력했고, 쉬는 시간에도 체육관에서 연습을 했다. 중학교에 가기 전까지는 모든 것이 좋았으나 새로운 학교에 가서는 친구가 거의 없었다. 그는 세상으로부터 버림받은 느낌이 들었다. 어느 날, 담배를 피우는 무리의 아이들이 담배를 권했고 제리는 그것을 받아들였다. 담배를 피우는 것이 훈련에 방해가 됐지만 아이들과 함께 담배를 피울 때면 제리는 자신이 매우 중요한 사람이 된 것처럼 느껴졌다.

점차적으로 제리는 그 친구들이 마리화나를 피울 때도 함께하기 시작했다. 마리화나를 피울 때의 기분은 쉽게 느낄 수 있다는 것만 제외하면 체육관에서 열심히 훈련하고 나서 느끼는 최고의 기분과 비슷했다. 마침내 그의 부모가 무언가 잘못되고 있다는 것을 알아차렸으나 이미 제리는 쉽게 빠져드는 이 황홀한 기분에 중독되어 있었다. 제리는 성적이 갑자기 떨어졌고, 가족 행사에서 빠지고 자기 방에서 혼자 보내는 시간이 많아졌다. 나중에는 아이가 학교 수업에도 빠지고 있었다는 것을 부모가 알게 되었다. 마침내 부모는 아이가 약물을 사용하고 있다는 것을 알게 되었고, 아이에게 도움을 줄 사람을 찾았다.

7. 나르시시즘

나르시시즘은 모든 세대에 걸쳐 존재해 왔다. 신체적 아름다움이 다른 사람에게서 인정받고 사랑받으며 행복해질 수 있는 확실한 길이라고 부추기는 광고와 미디어 때문에 외모에 지나치게 신경을 쓰는 젊은이들이 많아지고 있다.

물론 아이들이 외모에 신경을 쓰는 것은 당연한 일이다. 그리고 아이들은 거울 앞에서 많은 시간을 보낸다. 그러나 이런 행동이 너무 지나치다 생각되면 다른 부모들과 이야기를 나누어 보고 체크해 볼 필요가 있다. 다른 아이들은 외모를 치장하기 위해 거울 앞에서 얼마나 많은 시간을 보내는지, 옷에 얼마나 신경을 쓰는지 알아보라. 그 행동이 일상적인 생활을 방해할 정도이거나 혹은 아이가 오직 자기 자신만을 생각하는 듯이 보일 때는 문제로 생각해야 한다.

8. 공상의 세계로 숨기

현실의 세계가 너무 힘들 때, 영재아들은 자신만의 공상의 세계로 빠진다. 샘은 매우 영리한 남자아이로서 어렸을 때 끝없는 상상의 세계에 빠져 있었다. 대부분의 아이들보다 더 오랫동안 이(치아)의 요정을 믿었다. 샘은 요정이 어디를 가는지, 최근에 다녀온 나라는 어디인지 알고 싶어 했다. 그가 만들어 낸 이야기는 예술 작품이었다. 샘은 할머니와 각별한 애착을 갖고 있었는데 예상치 못하게 할머니가 돌아가셨을 때, 부모는 아이의 행동이 변했다는 것을 알아차렸다. 샘은 상상 속의 친구들과 이야기하고, 그들에게 메시지를 보냈으며, 현실 세계와는 멀어져 갔다. 샘은 두통을 호소하기도 했다. 할머니의 유품이 경매장에서 팔렸을 때, 부모는 샘이 신경쇠약에 걸렸다고 생각했다. 아이의 큰 슬픔은 강렬했고 오랫동안 지속되었다.

9. 완고하고 강박적인 행동

어떤 영재아들은 공부 외에는 아무것도 하지 않으려고 한다. 이러한 강박적인 행동 양식은 아이가 자신과 지적으로 관계를 맺을 만한 사람을 찾는 것이 너무 힘들기 때문에 생긴다. 고도의 영재아들은 이웃이나 학교에 있는 대부분의 다른 아이들과는 사고방식이 다르고, 사회적 기술이 부족하기 때문에 친구를 사귀는 데 어려움을 겪는다. 그래서 책에 몰두하는 방법을 선택하곤 한다.

알리는 어릴 때부터 어른들을 놀라게 했다. 나이에 맞지 않는 풍부한 어휘력을 가지고 있었으며, 세 살 때 스스로 읽기를 터득했다. 규칙이나 법칙에 맞닥뜨리면 마치 변호사처럼 논리적으로 주장했고, 공정성에 대해 걱정했다. 불끈하는 성질과 감정적으로 폭발하는 성격도 있었다. 학교에 입학했을 때 알리는 또래들이 바보 같고 무지하다고 생각했다. 그러나 아이들에게는 알리가 자신들을 통제하려 하며, 대장 행세를 하는 것같이 보였다. 알리는 아이들에게 무엇을, 언제, 어떻게 해야 할지를 지시했다. 담임교사는 알리가 아니라 자신이 책임자라는 사실을 확인시켜 주어야만 했다. 알리는 친구들에게 인기가 없었으므로 결국 책에서 위안을 받았으며, 책이 가장 친한 친구가 되었다.

융통성 없고 강박적인 행동의 다른 한 가지 유형은 알리와는 거의 정반대의 유형이다. 어떤 영재아들은 빡빡하게 계획을 세우고 너무나 바쁘게 모든 것을 해낸다. 엄청나게 숙제가 많은 수업을 선택하고, 그것들을 완벽하게 해내기 위해 학교 과제나 과외 수업의 사소한 부분에까지 유별나게 관심을 보이며 법석을 떤다. 이런 경우, 아이가 스스로 모든 것을 충분히 해낼 수 있을 만큼 컸다는 것에 부모로서 감사할 것이다. 이러한 아이들은 모든 것을 잘하고 있고 균형을 유지하고 있는 것처럼 보이기 때문에 무엇이 잘못되었는지 알지 못할 수도 있다. 그들의 성적은 최상위이며 뛰어난 운동

실력, 자기만의 소일거리, 거기에다 학교 연극 모임에서 리더가 될 만큼 많은 것들을 한다. 이 아이들이 성공에 이르는 길은 초인적인 노력에 있다. 그러나 문제는 그들이 너무 일찍 소진된다는 것이다.

과도한 피로와 감기를 달고 사는 것과 같은 지속적인 병치레를 한다는 것은 문제가 있다는 경고신호라고 볼 수 있다. 만약 자녀가 모든 것을 잘 해내고 열심히 하는 '슈퍼 키드'라면 아이 자신을 위해서 아이가 참여하고 있는 활동의 가짓수를 제한할 필요가 있다.

10. 죽음에 대한 집착

이 경고신호는 절대 무시해서는 안 된다. 10대들의 자살과 자살 시도가 증가하고 있다는 통계치는 충격적이고 비참하다. 미국에서는 매년 6천 명의 10대들이 자살하고, 자살을 시도하는 경우는 그 10배에 달할 것으로 추정된다. 많은 사람들이 자신의 자녀가 자살을 시도한 것에 대해 말하기를 꺼리기 때문에 이 통계치는 실제보다 낮게 추정된 것일 수 있다. 평균 이상의 지적 능력을 가진 사람들의 평균 자살률이 전체 인구의 평균 자살률보다 높은 것은 아니다. 그러나 이들이 갖는 특별한 특징들은 자살이라는 자기 파괴적인 행동을 하게 할 위험성을 더 높인다. 자살을 시도하는 사람들은 거의 항상 우울증에 시달린다. 이러한 우울은 그 원인을 밝히고 치료 전략을 제시할 수 있는 전문가가 다루어야 한다. 지나친 민감성으로 인해 사람들은 자신을 고통 속으로 몰아넣는 파괴적인 성격과 뒤틀린 생각을 가지게 될 수 있으며, 이것이 또한 절망감과 자살 충동의 원인이 되기도 한다. 높은 창의성과 완벽주의 성향을 가지고 있는 남자가 비관적이고 강박적이라면 우울증을 보일 수 있으며 위험한 상태일 수도 있다. 아마 이들은 자기 자신과 다른 사람들에게 매우 높은 기대치를 가지고 있기 때문에 도처에서 실수와 실패만을 찾아내는 완벽주의자일 것이다. 이처럼 실패만을 보려는 성향이 절망감의 근원이 된다. 실패는 너무나 굴욕적이라고 생각하기 때문에 자신이 실패한다면 살 만한 가치가 없다고 믿기 시작한다.

매우 창의적인 사람은 고립되기 쉽고, 고립감은 우울증을 유발한다. 보통 영재들의 인간관계는 진지하다. 영재들은 어릴 때부터 삶의 의미에 의문을 가진다. 그들이 답을 찾지 못했을 때는 절망할 수 있다. 이 모든 것들이 영재들에게 더 많은 도움이 필요한 이유다. 남자아이들이 여자아이들에 비해 더 많이 자신을 도와줄 사람이 없다고 생각하는 것 같다.

다음은 10대 아이들에게서 나타날 수 있는 문제의 신호다. 자녀에게서 이런 신호가 보인다면 하루빨리 도움을 주어야 한다.

- 성격, 행동, 식습관 또는 수면 습관의 갑작스러운 변화
- 알코올이나 다른 약물의 남용
- 계획된 활동에 흥미를 보이지 않고, 가족이나 친구들과 멀어지며, 스스로 고립되는 경우
- 한 주 이상 심한 우울이 지속됨

- 숨겨진 자살 징후 혹은 직접적인 자살 시도
- 농담이든 심각하게든 자살에 대해 언급함
- 죽음이나 그와 관계된 주제에 집착함
- 자신이 소중히 여기는 물건을 다른 사람에게 주는 경우
- 삶은 무의미한 것이라고 생각함

전문적인 도움이 필요해요

자녀가 인생의 어떤 시점에서 일정 기간 동안 상담을 받는 경험을 한다면 살면서 큰 도움이 될 수 있다. 여러 연구들에서 영재아들이 정신적으로 건강해지고 그것을 유지하기 위해서는 일반적인 것보다 더 많은 도움이 필요한 것으로 나타나고 있다. 유능한 상담가는 아이 자신이 또래들과 다른 점을 이해하고, 스스로를 가치 있게 여길 수 있도록 도움을 준다. 아이가 도움을 받을 수 있도록 해주어야 한다.

상담은 아이들이 정신적으로 건강하고 생산적으로 될 수 있도록 돕기 때문에 아이에게 문제가 발생할 때까지 기다릴 필요가 없다. 아이가 가진 문제가 심각해지기 전에 해결하는 것이 시간과 노력을 훨씬 적게 들여 해결할 수 있는 방법이다. 만약 자녀가 학교에서, 또는 또래들과의 관계에서 어려움을 겪고 있거나, 일상적이지 않은 일로 힘들어하고 있다면 상담가가 문제의 핵심을 볼 수 있도

록 도와줄 것이다. 상담가를 만나게 되면 문제의 절반은 해결한 것이다.

만약 자녀가 앞에서 언급한 경고신호들을 나타낸다면 즉시 도움을 주어야 한다. 그러나 어디에서 도움을 얻을 수 있을지 잘 알지 못하는 경우가 많다. 초등학교에서부터 학교 내에 상담가가 있어야 하지만 현실에서는 드물다. 자녀가 다니는 학교에 자녀의 정신건강에 도움을 줄 수 있는 전문상담가나 활용 가능한 제도가 있는지 알아보고, 만약 학교에 상담 서비스가 없거나 상담 시간이 너무 제한적이어서 최소한의 도움밖에 받을 수 없는 상황이라면 외부에서 도움을 받을 수 있는 곳을 찾아보아야 한다.

불행하게도 우리 사회에서는 아직도 어떤 사람들은 상담가를 찾아가는 것에 대해 부정적인 인식을 가지고 있다. 만약 자녀가 읽기에 문제가 있다면 읽기 전문가에게 의뢰하는 것을 주저하겠는가? 읽기 전문가와 마찬가지로 상담가도 아이를 진정으로 도울 수 있는 사람이다. 전문적인 훈련을 받은 외부 전문가들은 부모가 자녀와 너무 가까이 있기 때문에 볼 수 없었던 문제들을 객관적인 관점으로 볼 수 있다. 상담을 통해서 우리는 부모로서 역할을 잘 해내고 있는지 확인해 볼 수 있다. 만약 부모로서의 역할을 힘들어하고 있다면 자녀를 돕기 위해 부모가 어떻게 변화해야 하는지 상담가가 제시해 줄 수 있을 것이다. 또한 자녀는 문제를 인식하고 해결하기 위해서, 그리고 더 나은 선택을 하기 위해서 어떻게 해야 하는지, 자기존중감을 높이고 자신과 자신의 위치에 대해 더 자신감을 가지기 위해서 어떻게 해야 하는지 알게 될 것이다.

정신과 의사, 심리학자, 정신적 장애를 가진 사람을 돕는 사회복지사 또는 가족치료 전문가에게서 상담을 받을 수 있다. 이들은 모두 다른 학위를 가지고 있으며, 각기 다른 훈련과 경험을 쌓아 왔다. 그러므로 상담가를 선택할 때는 먼저 주변 친구나 학교의 담당자에게 물어보는 것이 좋다. 학교 내의 상담교사나 영재 프로그램 담당자가 추천해 줄 수도 있을 것이다. 가족 주치의나 소아과 의사도 추천해 줄 수 있으며, 지역정신건강센터에서도 도움을 받을 수 있다.

건강보험이 적용되는 경우와 적용되지 않는 경우를 사전에 확인하는 것도 도움이 될 것이다. 첫 상담 약속을 하기 전에 자신이 중요하게 생각하는 문제에 대해 상담가는 어떤 견해를 가지고 있는지 미리 알아보는 것이 현명하다. 상담가가 당신과 비슷한 가치관을 가지고 있는지, 영재에 대한 관점은 어떠한지, 영재의 특성과 영재성의 의미를 이해하고 있는지, 영재를 상담한 경험은 있는지 등을 고려하여 선택해야 한다. 또한 편안하게 대해 주고, 자신감 있고, 그 분야에 대한 지식이 많으며, 지원을 아끼지 않는 상담가를 찾는 것이 도움이 될 것이다. 아마 부모가 편안하게 느끼는 상담가라면 자녀도 그렇게 느낄 것이다.

어떤 전문가들은 가족 모두가 상담에 참여하도록 제안할 수 있다. 이런 경우 열린 마음을 갖고 참여하는 것이 좋다. 가족 모두가 상담에 참여하는 것으로 인해 기분이 상하거나 상처를 입지는 않을 것이다. 오히려 많은 도움을 받을 수 있을 것이다. 어떤 아이들

은 가족이 함께 있을 때 상담을 더 편안하게 느낄 수도 있다. 그렇지만 10대들은 부모가 함께 있으면 속마음을 잘 털어놓지 않는 경우도 있다. 그래서 10대인 경우, 상담가들은 신뢰감을 쌓기 위해 처음 몇 회기 동안은 아이와 둘이서만 상담하고, 그다음에 가족 모두가 동의할 경우에 가족을 상담에 참여시킨다.

가장 중요한 것은 자녀가 안전하다고 느끼는 사람을 선택하는 것이다. 그런 상담가와 함께한다면 실제적으로 도움을 받을 것이며, 가족 모두가 곧 효과를 보게 될 것이다.

부모가 할 수 있는 일

❖ 영재아의 특성과 요구 및 영재아와 관련된 문제에 대한 지식을 쌓으라.

영재아들은 다르다. 그들은 평범한 아이들과는 다르기 때문에 사람들에게서 거부당하는 경험을 하거나 거부당했다고 느끼기도 한다. 아이의 학문적 성취나 능력보다는 인격체로서 존중하고 소중하게 생각한다는 것을 보여 주어야 한다. 지속적으로 그리고 정직하게 아이의 노력을 지지하고 성원해 주라. 무리한 계획표를 짜지 말고, 아이에게 시간을 주어야 한다. 자신과 비슷한 관심사나 취미를 가진 사람들과 어울리도록 격려하라. 서로 이야기를 나누고 아이의 말을 경청하라. 이 아이들은 자신들과 공감하는 사람, 친밀감을 느낄 사람이 필요하다. 공감과 친밀감이 없으면 이들은 침묵 속에서 고통스러워하다가 결과적으로는 좌절감과 분노를 부정적인 방법으로 풀 것이다.

❖ 교사와 상담교사들이 영재아의 지적 · 사회적 · 정서적 요구를 이해할 수 있도록 교육과 훈련을 받을 것을 요구하라.

학교가 영재아를 이해하려는 노력을 한다면 영재아의 요구에 맞는 교육과정을 시행하려 할 것이다. 그렇게 되면 학교는 영재아에게 구속과 스트레스를 주는 곳이 아니라 창의적으로 문제를 해결하는 장소이자 학습을 위한 실험실이 될 것이다.

❖ 영재아들이 적절한 서비스를 받을 수 있도록 공개적으로 주장하라.

학교에서 영재 프로그램이 시행되는 것을 지지하고 시행될 수 있도록 노력하라. 영재아들이 적절한 서비스를 받을 수 있도록 법 개정을 돕는 것은 그들을 위해 반드시 해야 할 일이다.

보충 정보를 위한 참고문헌

A Brief Overview of Dabrowski's Theory of Positive Disintegration and Its Relevance for the Gifted by W. Tillier (1999). A quick summary of Dabrowski's work on overexcitabilities is available online at *positivedisintegration.com.*

Counseling the Gifted and Talented by Linda K. Silverman (Denver: Love Publishing, 1993). A valuable resource for understanding the social–emotional implications of giftedness.

Fighting Invisible Tigers: A Stress Management Guide for Teens by Earl Hipp (Free Spirit Publishing, 1995). Stress-management and life–management skills for young people.

Guiding the Gifted Child: A Practical Source for Parents and Teachers by Jim Webb, Elizabeth Meckstroth, and Stephanie Tolan (Scottsdale, AZ: Great Potential Press, 1989). This classic is filled with information and parenting techniques to help you live with and value your unique child.

How to Talk So Kids Will Listen and Listen So Kids Will Talk by Adele Faber and Elaine Mazlish (New York: Avon, 1999). This popular book, which has been used for more than twenty years, has excellent communication strategies.

Perfectionism: What's Bad About Being Too Good? by Miriam Adderholdt and Jan Goldberg (Minneapolis: Free Spirit Publishing, 1999). Written for young people, this book can also teach adults a great deal about this common problem.

Stick Up for Yourself! Every Kid's Guide to Personal Power and Positive Self-Esteem by Gershen Kaufman, Lev Raphael, and Pamela Espeland (Minneapolis: Free Spirit Publishing, 2000). Encouraging how-to advice on being assertive, building relationships, and becoming responsible.

Teaching Children Self–Discipline at Home and at School by Thomas Gordon (New York: Times Books/Random House, 1989). An excellent discussion of why traditional rewards, punishment, and praise do more harm than good, plus noncontrolling methods to get kids to change their behavior.

When Nothing Matters Anymore: A Survival Guide for Depressed Teens by Bev Cobain (Minneapolis: Free Spirit Publishing, 1998). A powerful book for teens about the causes and types of depression, the different kinds of treatment and how they help, and how to stay healthy.

When Your Child Has an Eating Disorder: A Step-by-Step Workbook for Parents and Other Caregivers by Abigail H. Natenshon (San Francisco: Jossey Bass, 1999). A guidebook to help parents understand the importance of being involved with professionals in working to heal eating disorders. More resources from the author are online at *www.empoweredparents.com*.

우리는 아이들에게 너무나 자주 풀어야 할 문제를 주기보다는
기억해야 할 답을 준다.

로저 르윈(Roger Lewin)

Chapter 5

영재를 위한 프로그램 계획

- 어떻게 하면 영재아의 교육적 요구를 만족시킬 수 있을까?
- 자녀가 참여하는 학교의 영재 프로그램에 학부모는 어떻게 영향을 미칠 수 있을까?

마이클이 유치원 교실로 뛰어 들어왔다. 그리고 학급의 다른 아이들을 줄 세우고 놀이를 하기 위해 아이들을 정리시켰다. 마이클은 학급 전체를 통제하려 하고 있었다. 담임교사는 아무 때나 불쑥불쑥 말하고, 교사인 자신의 실수를 지적하고, 다른 아이들의 대장 노릇을 하려는 마이클의 태도가 거슬렸다. 에너지가 넘쳐 나서 가만히 앉아 있지 못했고, 수업에 지장을 줄 뿐만 아니라 활동에 참여하지도 않았다. 교사는 마이클이 사회성을 배우기 위해 유치원을 다시 다녀야 한다고 생각했으나 부모는 아이가 영재일지도 모른다고 생각했다. 마이클의 부모가 정중하게 검사를 요청한 후에야 검사가 이루어졌으며, 교사는 마이클이 뛰어난 잠재력을 가지고 있다는 것을 알게 되었다.

영재를 위한 특별 프로그램이 거의 없으며 영재아에게 맞춘 수업이 이루어지지 않는다면, 수업시간에 영재아들은 다른 아이가 따라올 때까지 기다리는 동안 혼자 놀아야 한다. 어떤 영재아들은 수업의 낮은 목표치에 적응하게 되면서 자신의 능력을 최대한 발휘하지 않을 수도 있고, 어떤 영재아들은 자신의 능력을 발휘할 방법을 찾기도 한다. 스스로에게 맞는 목표를 설정하고 도전할 수 있는 능력이 모든 영재아들에게 있는 것은 아니다. 학교 수업이 영재아들의 흥미나 능력에 맞게 도전의식을 북돋우는 수업이 되지 못할 때, 결과적으로 이들에게 백일몽 내지 등교 거부와 같은 갖가지 문제행동이 나타날 수도 있다.

연구 결과에 따르면, 영재아들은 보통 아이들과는 학습방법과 속도가 다른 것으로 나타났다. 뿐만 아니라, 영재아들 간에도 흥미나 능력 면에서 확실히 다르다. 어떤 영재아들은 언어에서는 뛰어나지만 수학 문제를 푸는 데 두 배의 시간이 걸리는 아이들도 있다. 표준화된 교육과정은 이러한 영재들의 교육적 요구에 맞지 않는다. 영재교육의 목적은 아이들의 요구에 맞는 적절한 교육적 기회를 줌으로써 그들의 잠재력을 최대한 발휘하도록 하는 것이다. 학부모는 자녀의 학교에서 어떤 일이 일어나고 있는지 분명히 관심을 가져야 한다. 학교에서 지루함과 좌절감을 느끼는 영재아들은 정신적으로나 신체적으로 또는 정서적으로 낙오될 위험성이 있다. 그들은 반항아가 되거나 교실을 재미있게 만들기 위해 버릇없이 행동하거나 어릿광대짓을 하는 등의 문제행동을 보일 수 있다. 또한 자신의 능력을 제대로 발휘하지 못하는 미성취 영재가 될 수도 있다. 만약 영재아가 자신의 흥미나 능력에 맞는 도전적인 과제를 할 필요가 없다면, 결국 공부를 게을리하게 되고, 시간 관리도 제대로 못하게 될 것이다.

또한 영재아들이 자기 동기화 기술을 개발하도록 하는 것은 대단히 중요하다. 이러한 자기 동기화 기술은 아이의 인생에서 무척 중요하게 사용될 것이다. 학교에 다니는 동안 이들은 교사의 지식

수준을 넘어설 수도 있을 것이다. 영재아들이 연구하는 방법과 학습하는 방법을 안다면 자기만의 학습과 연구를 계속해 나갈 수 있다. 우리는 그들이 배우는 것을 좋아하고 평생 동안 배우는 사람이 되기를 원한다.

만약 아이가 학교에 들어가기 전에 즐겁게 공부하는 것을 지켜보는 것을 기뻐했던 부모라면, 아이가 학습에 열정을 잃어 가는 것을 보는 일은 가슴 아픈 일일 것이다. 영재아들은 왜 그런지 이유를 모르고 그냥 학습하는 것이 지루하고 불만스러운 것이 되었을 것이다. 그 이유 중 하나가 자신이 너무 빨리 배우기 때문이라는 것을 이 아이들은 깨닫지 못한다. 아이들은 무엇이 잘못되어 그런지 알지 못할 수 있지만, 우리 어른들은 무엇이 문제인지 알고 있다. 영재아들에게 적절한 영재교육 프로그램이 실시된다면 이 아이들은 세상과 자신의 가능성 그리고 배우는 것에 대해 확실히 흥미를 가지게 될 것이다.

영재인가? 바보인가?

어떤 영재아들은 자신이 뛰어난 능력을 가졌다는 것을 이해하지 못한다. 이 아이들은 자신이 또래의 다른 아이들과 다르다는 것은 알지만 왜 다른지는 알지 못한다. 어떤 영재아들은 자신이 또래와 다르다는 것을 아주 어린 나이에 깨닫기도 한다. 이런 사실에 대해 그들은 가끔 부정적인 결론을 내린다. 심지어 자신이 어리석다거나 이상하다고 생각하기도 한다. 아직은 정서적으로 성숙되지 않았고 지혜가 부족하기 때문에, 자신들이 단지 다른 아이들과 다르게 배우거나 빨리 배우기 때문에 그렇다는 것을 알지 못한다. 또한 이것 때문에 다른 사람들이 자신을 싫어하는 것이 아니라는 것을 이해하기 어렵다. 영재아들에게 그들은 이상한 사람이 아니며, 영재인 것은 좋은 것이라는 사실을 알려 주는 것이 부모로서 그리고 교사로서 우리가 해야 할 일이다.

한번은 한 네 살짜리 아이가 "나는 정말 바보 같아요."라고 내게 말했다. 나는 '바보 같은 것'이 무슨 뜻인지를 아이에게 물었다. "글쎄요, 바보 같다는 것은 다른 사람들과 다르다는 뜻이에요. 나는 남들처럼 생각하지 않아요." 이 아이가 다른 사람들과 다른 점은 엄청나게 풍부한 어휘력을 가졌다는 것이었다. 예를 들면, "그건 피곡적이에요!"와 같은 말을 하곤 했다. 이 아이는 바보 같은 아이는 아니다. 그러나 분명히 다르다.

이안이 가족과 친구 집에 갔을 때, 어머니는 이안에게 '다 큰 아이(big boy)' 답게 행동하라고 말했다. 이안은 불쾌해하면서 자기는 '큰 아이'라는 말을 싫어한다고 했다. 그렇지만 자신은 '성숙하고 책임감 있게 행동할 것'이라고 어머니께 말했다. 이안은 또래 아이들보다는 어른들과 친구로 지내는 것을 더 좋아했다. 그는 유치원 친구들과는 잘 어울리지 못했다.

학교에서 공부를 잘한다고 해서 영재아의 잠재력이 모두 발휘되고 있다고 볼 수는 없다. 실제로 모든 과목에서 A를 받는다고 해도 그다지 많이 배우고 있는 것이 아닐 수도 있다. 아이가 모든 과목에서 A를 받은 성적표를 가지고 오면 부모는 기분이 좋을지도 모른다. 그러나 다시 한번 생각해 보라. 아이가 자신의 흥미나 능력에 맞는 도전적인 과제를 하고 있는가? 뭔가 새로운 것을 배우고 있는가? 아이가 이미 알고 있는 내용을 그저 반복해서 보고 있는가? 아니면 새로운 내용을 다루고 있는가? 노력하고 있는가? 아니면 설렁설렁 대충 해 내는가?

영리한 아이들은 주어진 일을 쉽게 해치우고, 교사의 기본적인 기대를 만족시키는 데 별 문제가 없다. 그러나 흔히 이 아이들이 훨씬 더 많은 것을 할 수 있다는 사실이 간과되기도 한다. 특히, 모범생이라면 더욱 그렇다. 좀 더 어려운 과제를 할 기회가 주어지지 않는다면 그들의 능력은 드러나지 않게 되고 더 이상 노력이 필요하지 않다는 생각에 미치게 된다. 그리고 마침내 이미 알고 있는 것보다 높은 수준의 것을 맞닥뜨리면 어떻게 공부해야 하는지 당황하게 될지도 모른다. 너무 오랫동안 너무 쉬운 것들만 했다면, 공부는 노력 없이도 되는 것으로 생각할 수도 있다. 또한 영재라는 것이 '다른 사람들이 하는 것처럼 열심히 할 필요가 없다.'는 것을 의미하는 것으로 잘못 생각할 수도 있다. 어떤 영재아들은 시간을 관리하는 법이나 공부하는 법을 모르기 때문에 대학에서 엄청나게 힘들어하거나 낙제하기도 한다.

전형적인 교실에서 영재아들이 느끼는 문제 중 하나는 압력이다. 특히, 또래에게 적응하고 맞추어야 한다는 압박감이 가장 크다. 만약 특별히 생산적인 영재아라면 다른 형태의 과제나 좀 더 어려운 과제를 하는 대신에 가산점을 받는 것과 같은 종류의 과제를 반복하다가 끝날지도 모른다. 누가 바쁘기만 하고 별로 쓸모없는 일을 좋아하겠는가? 영재아들은 생각이 빠른 아이들이므로 재빨리 생각해 보고는 수업을 느긋하게 듣는 것은 당연한 일이다.

수업의 평균 기대 수준에 따르지 않거나 따를 의지가 없는 더 어린 영재아들은 그냥 아무것도 하지 않고 위축되어 버린다. 어떤 의미에서는, 학업 면에서 '정신적 중퇴'라고 할 수 있다. 많은 영재아들이 학교 밖에서 풍부한 교육 프로그램이나 자기주도적인 프로젝트에 참여하면서 계속적으로 교육을 받고 있지만, 학교에서는 학습에 관한 열망을 잃어버린 미성취아(underachiever)들이다.

열두 살짜리 한 영재 여자아이가 말했다. "나는 특별 수업에서는 열심이지만 보통 수업시간에는 그냥 대충 해요. 선생님들이 반복하고, 한 번 더 점검하고, 처음에는 새로웠던 내용을 지겨워질 때까지 설명하는 것은 무의미해요. 그 당시에 나는 그것을 안 들으려고 하다가 집중하지 않는다고 야단맞았어요. 어떤 때는 그냥 멍하게 있다가 로봇처럼 답하는 것이 더 쉬워요. 가끔 그런 내가 무서워요. 왜냐하면, 다시는 원래대로 돌아가지 못할 것 같은 느낌이 들기 때문이에요."

남들과 다른 아이, 지루해하는 아이, 무시받는 아이, 위축된 아이, 미성취아, 수업시간에 멍하게 있는 아이들, 이런 모든 아이들에게는 영재교육 프로그램이 반드시 필요하다. 이 장에서는 영재를 위한 여러 종류의 특별한 교육 모형과 더불어 부모가 자녀의 학교생활에 긍정적인 영향을 미칠 수 있는 몇 가지 방법을 제안하고자 한다.

학부모가 본 영재교육

- "영재 프로그램이 우리 아이의 삶을 바꾸어 놓았어요. 처음으로 친구를 사귀게 되었어요."
- "우리 아들은 화요일만 보고 살아요. 자신이 왜 그렇게 했는지 설명이나 변명을 하지 않아도 되는 자기 본래의 모습이 되는 날이니까요."
- "우리 딸은 자신감이 자라는 것 같아요. 교사가 되어서 아이들을 가르치고 싶다고 말해요. 자기가 영재 프로그램에 참여할 기회를 얻었던 것처럼 말이에요. 열심히 하는 방법을 배웠어요. 그리고 자기 신뢰감이 생겼어요."

영재아들이 좋아하는 학교 만들기

영재아를 위해 좀 더 나은 학교를 만들기 위해 무엇이 필요할까? 도움이 될 수 있는 방법은 다음과 같다.

- 영재들의 지적 수준과 재능에 맞는 교육

- 진정한 의미의 동료와 함께하는 학습
- 지지해 주고 반응해 주는 학습 환경
- 영재아의 요구에 반응해 줄 수 있는 전문가

영재아의 지적 수준과 재능에 적합한 교육이 필요하다

영재아들은 대체로 생각하고 배우고 반응하는 방식이 보통 아이들과는 다르기 때문에 특수교육을 받는 아이들처럼 이들의 교육적 요구에 적합한 교육과정이 필요하다. 영재아들은 매일매일 새로운 것을 배워야 하고, 능력에 맞는 과제를 접해야 하며, 교실에서 인정받고 이해받아야 하며, 그럴 만한 자격이 있다. 이를 위해서는 정규 교육과정을 조정하거나 차별화해야 한다. 미국 국립연구센터와 미국 교육부가 실시한 연구 결과에 따르면 많은 초등학생 영재들이 새 학년이 시작되기 전에 이미 다섯 가지 기본 과목의 약 35~50%를 완전히 알고 있으며, 대부분의 담임교사들은 영재아들에 대한 준비가 거의 없는 상태에서 학년을 시작하는 것으로 나타났다.

몇몇 교육자들은 영재를 위한 교육 프로그램이 영재가 아닌 다

- http://www.gifted.uconn.edu/nrcgt/를 방문하면 관련 자료를 다운받을 수 있다.
- 영재아와 함께하는 정규 학급의 실제(Research Monongraph 93102)
- 높은 능력을 지닌 학생이 왜 1월에 학교 수업을 받을 수 없는가?(Research Monongraph 93106)

른 학생들에게도 좋다고 주장한다. 이것은 어느 정도 사실이다. 모든 학생들이 비판적이고 창의적으로 생각하며, 스스로 연구하고 공부할 수 있도록 가르쳐야 한다. 그러나 차이점은 영재아들이 학급의 다른 평범한 친구들보다 더 복잡하고 더 깊이 있는 내용을 더 빠르게 배운다는 것이다. 영재아의 학습 요구에 맞춘 교육과정은 다른 학급 친구들에게는 벅찰 것이다.

많은 교육자들이 각 학생들의 학습 요구에 맞는 다양한 학습 활동을 제시하는 방향으로 교육과정을 차별화하면 한 교실에서 다양한 수준의 학생들을 교육할 수 있다고 주장한다. 이것이 해결책이 될 수 있다. 그러나 대부분의 교사들은 한 학급당 학생 수가 많고, 그에 따른 책임감이 커지는 상황에 직면해 있다. 이것이 개별화 학습이나 다양한 수준의 소그룹 활동을 동시에, 지속적으로, 제대로 갖추어 수업하기 어렵게 한다. 특히, 유아기 영재아들에게 적합한 지도방법을 찾는 것은 어려운 도전이 될 수 있다.

영재아에게는 진정한 또래 친구가 필요하다

능력이 뛰어날수록 자신과 흥미나 능력이 비슷한 진정한 또래 친구를 사귀기가 더 어렵다. 지능지수가 180인 여섯 살의 한 아이의 지적 수준은 거의 열한 살 수준이며, 열 살이나 열한 살이 되면 아마 보통의 고등학교 졸업생과 비슷해질 것이다. 그러나 다른 영역에서는 그렇게 높지 않을 수도 있다. 이들의 신체적 발달은 10% 이상 앞서지 않으며, 사회성 발달은 20~30% 정도 앞설 수 있다.

그 결과, 사회적 적응에서 가장 어려운 문제가 생길 수 있다. 아이의 나이가 어리고 비활동적일수록 문제는 더 커진다.

많은 영재아들이 다른 영재아들과 함께 프로그램에 참여할 때 서로 어울릴 수 있고, 사회적으로 편안해하며, 스스로를 인정하게 된다고 말한다. 영재 프로그램을 실시하지 않는 학교에 다니는 영재아들은 진정한 또래 친구와 사귀기 위해 학교 외부에서 실시하는 특별 프로그램을 찾아야만 한다. 만약 자녀가 다니는 학교에 영재아들을 위한 프로그램이 없는 상황이라면 특별 프로그램을 찾아 아이를 참여시키는 것은 부모의 책임이 된다.

영재아를 지지해 주고 반응해 주는 환경이 필요하다

학교에서는 영재아들의 다양한 수준에 해당하는 선택과정이 포함된 교육과정과 그들의 학습 요구에 적합한 서비스를 제공해야 한다. 전 학년과 전 과목에 걸쳐 아이들의 학습 준비도, 흥미, 학습 양식 등에 따른 탄력적인 집단 편성이 이루어져야 한다. 이러한 학습 집단의 구성은 영재아들이 거리낌 없이 또래들과 서로 배울 수 있도록 해 준다.

영재아의 부모들은 아이를 강압적으로 밀어붙일 것이라는 일반적인 고정관념으로 인해 어떤 전문가들은 학부모의 생각을 무시하거나 의심하기도 한다. 또한 이런 편견 때문에 학부모들이 영재 자녀에게 필요한 것을 학교에 요구하기를 망설이기도 한다. 그러나 사실, 대부분의 부모들이 자신의 자녀를 잘 이해하고 있으며,

뛰어난 발달을 보일 경우 미리 알아본다. 또한 자녀가 흥미를 보이는 영역에 대해 지지해 주고, 가정에서 풍부한 활동을 할 수 있도록 지원해 줌으로써 아이의 특별한 학습 요구에 반응해 준다. 훌륭한 부모들은 자녀의 말을 경청한다. 자녀의 무언가를 변화시키는데 부모로서 무기력감을 느낄 때도 있겠지만 자녀의 생각에 귀를 기울여 주는 것이 아이들에게는 가장 필요한 것이다.

영재아의 요구에 반응해 주는 전문가가 필요하다

영재아들 간에도 많은 차이가 있기 때문에 모든 영재아에게 맞는 이상적인 교사는 없다. 그러나 영재아를 교육할 전문가는 호기심 많고 잠재력이 풍부한 영재아들을 교육하고 함께해야 하므로 흥미와 열정이 있어야 한다. 영재아들에게는 그들의 학문적 요구와 사회적 · 정서적 요구를 모두 이해해 줄 수 있는 전문가가 필요하다. 영재아를 지도하는 사람은, 고도 영재아는 중도 영재아와 다르게 생각하고 반응한다는 것을 알아야 한다. 마찬가지로 중도 영재아는 영재가 아닌 보통 아이들과 다르게 생각하고 반응한다. 학교에서는 영재아들의 요구에 근거해서 그들을 위한 프로그램을 이끌어 나갈 담당자들을 선발하고 교육해야 한다. 영재아를 진정으로 이해하고 지도하고자 한다면, 성인들이 예상치 못할 이 아이들의 마음을 따라갈 준비가 되어 있어야 한다.

영재아의 학습 요구에 적합한 학교 프로그램

영재아들을 위한 교육 프로그램 계획은 영재를 위한 특별 학교(special school), 심화(enrichment), 일반 교실 내에서 차별화된 학습을 진행하는 방법, 속진(acceleration) 등 다양하다. 모든 아이를 위한 완벽한 하나의 프로그램은 없기 때문에 학교는 다양한 영재교육을 실시한다. 물론 한 가지 방법을 실시할 수도 있으며, 여러 방법을 조합해서 실시할 수도 있다. 가장 좋은 방법은 영재 프로그램에 참여한 아이들의 재능과 능력 및 요구에 적합한 다양한 선택과정이 포함된 프로그램을 개발하는 것이다. 일반적으로 실시되고 있는 선택과정에 대해 살펴보면 다음과 같다.

영재를 위한 특별 학교와 특별 학급

드물기는 하지만 미국의 몇몇 지역에서는 영재들을 위한 마그넷스쿨을 운영한다. 마그넷스쿨은 학군을 망라하여 학생들을 모집하도록 설계된 공립학교다. 마그넷스쿨은 영재아들이 일주일에 한두 번 정도만 영재 수업에 참여하는 대신에 하루 종일 또래 영재들과 같이 수업을 할 수 있다는 점에서 특히 더 효과적인 방법이라고 할 수 있다. 이런 학교들은 인기가 있지만 엄격한 입학 요건과 제한된 정원을 고수하고 있다.

어떤 학교들은 학습 준비도와 능력에 따라서 일종의 '학교 안의 학교'로 학급을 편성한다. 영재 학생들은 특별히 훈련받은 교사들이 가르치는 핵심 교과과정에 하루에 몇 번 참석하고, 그 나머지 시간에는 보통 학급의 학생들과 보낸다. 예를 들면, 체육 시간에는 모든 학생들이 같이 수업을 받지만, 특별 수학 시간에는 잠재력이 뛰어난 학생만 수업을 받게 된다.

심화학습 프로그램

심화학습 프로그램은 가장 일반적인 영재 프로그램 중 하나로 일반 정규 학교의 교과과정을 대체하거나 확장하도록 고안된 것이다. 심화학습의 목표는 분석, 창의, 평가와 같은 고차적인 사고력의 발달과 문제해결력을 기르는 것이다. 사용되는 교수방법으로는 토론, 논의, 연구, 모의실험 등이 있다.

심화학습 프로그램은 일주일에 한 시간 내지 하루에 한 시간 혹은 그 이상 실시하는 경우도 있으며, 심지어 어떤 학교에서는 하루 종일 실시하는 경우도 있어 매우 다양하게 이루어진다. 심화학습은 자료실, 풀아웃(Pull-out) 프로그램의 실시, 멘토십의 제공, 특별히 훈련된 교사의 채용, 지역사회 전문가의 초청, 발표 자료 만들기 혹은 가르치기, 개별 프로젝트의 실시, 학생과 프로젝트 계약하기 등의 방법이 포함된다.

미래 문제해결(Future Problem Solving Bowl)이나 이와 유사한 프로그램들은 영재 학생들에게 심화학습의 기회를 제공한다. 1975년, 폴 토랜스(Paul Torrance)가 시작한 이 프로그램은 팀에게 문제해결 과제가 주어지는 형태로 진행된다. 학생들이 하위 문제 목록을 연구하고, 말과 글로 해결책을 제시해야 하는 프로그램이다.

■ 자료실

교사의 허락하에 영재들이 사용할 수 있는 도서관 컴퓨터실 혹은 특별한 장비가 갖춰진 방을 말한다. 예를 들면, 특정 과제를 끝낸 학생들은 자신이 흥미 있어 하는 분야를 연구하거나 또는 도서관 사서 교사나 다른 전문가들과 함께 공부할 수 있는 자료실의 이용이 허락된다.

영재아들에게 자료실은 비슷한 능력을 가진 새로운 친구를 사귀고, 아주 흥미로운 과제를 할 수 있으며, 특별한 장비를 사용할 수 있는 천국과 같은 장소가 될 수 있다. 보통 자료실과 같은 곳에서 아이를 지도하는 교사는 영재아의 요구에 민감하게 반응할 수 있어야 하고, 특정 분야에 대해 자신보다 더 많이 아는 학생들에게서 위협을 느끼지 않아야 한다. 영재 자료실은 분리된 독립 공간이지만 어떤 경우에는 학습장애아를 위한 자료실이나 도서관 혹은 컴퓨터실과 같이 사용되기도 한다.

그러나 때로 담임교사만이 자료실 사용을 허락하는 경우에는 자료실을 사용하는 것으로 혜택을 볼 수 있는 많은 학생들이 그곳을 사용할 수 없게 된다. 그리고 "너는 아직 과제를 덜 마쳤기 때문에 그곳에 갈 수 없어."와 같이 교사의 지시가 있어야만 자료실을 사용할 수 있는 경우가 있을 수 있다. 그러나 원칙적으로는 자료실 사용이 보상이나 처벌의 도구가 되어서는 안 되며, 필요한 학생들에게 개방되어 있어야 한다.

■ 풀아웃 프로그램

일과 중 일정 시간에 영재아들이 정규 학급에서 나와서 일반 학급에서는 하지 않는 특별활동에 참여하는 것을 말한다. 예를 들면, 정서적 · 사회적 발달을 위한 활동이나 사고력을 향상시키기 위한 활동이 그것이다. 풀아웃 프로그램은 일주일에 한 시간만 활동하는 경우도 있고, 하루에 몇 시간씩 혹은 드물기는 하지만 하루 종일 프로그램을 진행하는 경우처럼 다양하게 이루어진다.

풀아웃 프로그램이 일반 교과과정과 조화를 이루어 진행될 때 가장 효과적일 수 있다. 풀아웃 교과과정은 핵심이 있어야 한다. 물론 풀아웃 프로그램은 흥미로워야 하지만, 무엇보다도 정규 교육과정과 관련된 적절한 활동이 제공되어야 한다. 미국의 일부 지역에서는 영재교육으로 풀아웃 프로그램을 실시하는 데 만족하고, 후에 이어서 더 많은 포괄적인 프로그램을 개발하는 데 실패하기도 한다. 매일매일 하루 종일 영재인 아이들에게 일주일에 한 시간은 충분한 시간이 아니다.

풀아웃 프로그램의 또 다른 단점은 정규 학급에서 일어나는 재미있거나 의미 있는 활동을 영재아들은 놓칠 수 있다는 것이다. 풀아웃 프로그램에 참여하는 동안 정규 학급에서 배운 내용이 다음 날 시험에 나온다면 어떻게 하겠는가? 휴식 시간이나 특별활동 시간에 계속 빠지려고 하겠는가? 그럴 경우, 영재 프로그램에 참여하는 것이 즐겁기보다는 고통스러울 수도 있으며, 오랫동안 참여하고 싶은 동기가 사라질 수도 있다.

■ 멘토십 프로그램

영재 학생들을 특정 분야에 전문적 지식이 있는 학생이나 전문가 혹은 전문직업인과 연결시켜 주는 프로그램이다. 흥미 분야가 같으면서 나이가 더 많은 멘토 학생과 나이가 어린 멘티 학생(멘토를 받는 학생)이 짝이 될 수도 있고, 전문직업인이 멘토가 되어 전문적인 직업을 잠시 경험할 수도 있다. 보통 학생들은 멘토와 일정 기간 동안 특정 목표를 이루기 위해 긴밀하게 함께 작업한다. 만나는 시간은 멘토십 참가자들과 학교 관계자들의 결정에 따라 수업시간 내에 이루어질 수도 있고, 방과 후가 될 수도 있다.

멘토십 프로그램에서는 심화학습과 속진학습이 자연스럽게 이루어진다. 참가자들은 멘토십을 통해서 직업 탐색의 기회를 얻을 수 있을 뿐 아니라 나이와 상관없이 관심과 흥미 분야가 같은 사람들을 사귈 수 있다.

■ 개별학습

학생이 스스로 선택한 과제를 자신의 학습 속도에 맞추어 스스로 학습하도록 하는 프로그램이다. 이 경우 멘토나 교사가 안내자가 된다.

대부분의 개별학습 프로그램에서 학생들은 학습 주제, 학습 대상과 목표, 목표를 달성하기 위한 활동 계획을 작성해야 하고, 최종 산출물을 완성해야 한다. 이 학습 계획은 계약서의 형태로 작성될 수 있다. 학생들은 자신들이 배운 것의 결과를 산출물로 보여주게 된다.

통합교육모델

일부 학교에서는 일반 아이와 함께 영재아를 한 교실에서 교육하는 통합교육모델을 사용한다. 통합교육모델은 특수교육 분야에서 적용되는 모델이다.

다양한 능력 수준의 아이들로 혼합 구성된 학급에서 학생들은 배우는 방법과 속도가 각기 다르다. 영재 학생들은 사실이나 기술은 빠른 시간 안에 배울 수 있지만, 배운 사실이나 기술을 적용하여 무언가를 하는 데는 더 많은 시간이 걸린다. 많은 교실에서 이 문제를 다루기 위한 방법으로 학생 개개인에게 맞추어 조정하는 차별화 교수법을 채택한다. 통합교육 교실의 교사들은 필수적으로 차별화 교수법을 훈련받아야 한다. 차별화 교수법은 다음의 네 가지 영역에서 이루어진다.

■ 학습 내용

교사들은 영재아들이 학습할 학습 내용과 자료를 변형시킬 수 있다. 더 높은 수준의 개념으로, 더 복잡하게, 더 다양하게, 더 체계적으로 조직화할 수 있다. 즉, 영재아들이 더 큰 생각과 넓은 시각을 계발시킬 수 있도록 학습 자료를 조직화할 수 있다. 이렇게 함으로써 영재아들의 호기심과 흥미를 최대화할 수 있다.

영재아들이 학습할 내용을 변형시켜 주는 또 다른 방법은 학습 분야를 좀 더 심도 있게 다루는 것이다. 예를 들면, 한 학년의 수학 내용을 한 학기 만에 끝낼 수 있는 수학 영재아는 남는 시간에 수 체계, 순열, 패턴 등 또래 아이들이 이해하기 어려운 수학의 다른 개념을 공부할 수 있을 것이다. 좀 더 어려운 다음 단계의 수학 교과과정을 학습할 수도 있다. 교사들은 이 학생들을 담당하게 될 다른 교사와 가능할 때마다 협의하고 조정해서 수업시간에 다른 아이들이 이해할 때까지 기다릴 필요가 없도록 해야 한다.

학습 내용의 차별화의 또 다른 예는 다양한 관점에서 개념을 조명해 보는 것이다. 예를 들면, 자신이 살고 있는 도시에 대해 공부할 때, 다른 도시를 조사해서 도시계획과 도시개발의 쟁점에 관해 토론할 수 있고, 이상적인 도시계획을 할 수도 있을 것이다. 학생이 특정 학문 분야의 전문 용어를 배우고, 그 분야가 어떻게 변화되어 왔는지 전문가처럼 생각하도록 격려할 수도 있다. 예를 들어, 만약 역사학자라면, 자신이 가장 좋아하는 역사적 건물이 새로운 고층 건물을 짓기 위해 파괴되는 것에 대해 어떻게 생각하는지, 또 최고의 사업 입지 조건을 원하는 사업가라면 금방이라도 무너질 것 같은 유적이 있는 바로 그곳에 새로운 사업을 위한 건물을 짓는 것에 대해 어떻게 생각하는지 말해 보게 할 수 있다. 생태학자로서 빌딩을 짓기 위하여 도시의 녹지 공간을 없애는 것에 대하여 어떻게 생각하는지, 야생동물과 서식지 감소에 대한 생각을 토론해 보게 할 수도 있다.

영재아들에게 다양한 학문 영역 간의 관련성을 볼 수 있는 능력을 향상시킬 필요가 있다. 주제별 단원학습이나 보편적 개념을 학습하는 것은 다양한 학문 영역을 초월하여 학문 영역 간에 관련성을 찾기 위해 필요하다.

■ 학습과정

교사들은 교수방법, 학생들의 사고기술(thinking skill) 사용방법과 습득방법을 변화시킴으로써 학습과정을 차별화할 수 있다. 교사들이 학생들에게 문제해결 방법을 선택하게 하거나 자신만의 방법을 찾을 수 있도록 자유를 줌으로써 학습과정을 변화시키는 것이다.

학생들에게 사고기술을 가르치기 위해 벤저민 블룸(Bengamin Bloom)의 교육 목표 분류체계를 사용하는 교사들도 있다. 블룸의 분류체계는 복잡성에 기초하여 사고를 6단계로 나눈다.

지식(knowledge) 학습 내용의 토대이며, 특정한 학습 내용을 구성하는 사실과 세부 내용

이해(comprehension) 학습 내용을 이해하고, 자신의 언어로 생각을 말할 수 있는 것

적용(application) 학습한 것을 사용하는 능력

분석(analysis) 2개 이상의 것을 분석하고 분류하거나 비교하고 대조하는 능력

종합(synthesis) 무엇인가 새롭고, 이전에는 시도된 적이 없는 어떤 것을 시도하는 창의성

평가(evaluation) 어떤 것의 가치나 적절성을 판단하고 결정하는 것

■ 학습 결과

영재아들은 학습한 것을 다양한 방법으로 나타낼 수 있다. 그러나 교사들은 학습 결과물은 종이에 글로 쓰인 형태나 시험 결과만으로 드러난다고 생각하는 경우가 너무 많다. 하지만 학습 결과물은 다양한 형태로 표현되어야 한다.

자신의 학습 결과물을 다양한 형태로 표현하도록 학생들에게 선택권을 주는 것은 자신이 선호하는 학습 양식을 발달시킬 수 있도록 해 준다. 교사들은 구술(구두 발표, 토론, 토의 등), 쓰기(일기, 에세이, 시, 이야기 등), 시각적 결과물(그림, 스토리 맵, 도표, 콜라주 등), 동작 결과물(촌극, 시범, 시연 등), 기술적 결과물(웹사이트, 슬라이드 쇼, 비디오 등)과 같이 학습 결과를 나타내는 방법을 학생들이 스스로 선택하게 함으로써 학습 결과물을 차별화해야 한다. 학습 결과물을 다양하게 표현하도록 하는 것은 자신이 얼마나 배웠는지를 보여 줄 수 있는 방법일 뿐 아니라 학습에서 오는 지루함을 줄이는 데도 도움이 된다.

학생들이 학습 결과를 나타낼 때, 자신이 선호하는 방법을 사용할 수 있도록 선택의 범위를 넓혀 주게 되면 실제로 연구하는 방법을 배우는 데도 도움이 될 수 있다. 특정 주제에 대한 정보를 찾기 위해 인터넷 자료를 찾고 출력하여 제출하는 한 가지 방법보다는 관련된 정보를 다른 형식으로 변형하도록 한다. 이런 과정을 통해 학생들은 특정 주제에 대한 의문을 가지고 해답을 찾을 수 있으며, 이후에 더 높은 수준의 사고를 하고, 학습한 내용을 창의적인 방법

으로 보여 줄 수 있다.

다양한 형태의 학습 결과물을 허용할 때 교사가 주의할 점은 평가를 위한 기준을 간략하게 설명해 주고, 교사가 기대하는 바와 결과물의 특징이 어떠해야 하는지를 명확하게 설명해 주는 것이다. 기준이 제시되면 학생들이 프로젝트를 시작할 때 어떻게 해야 할지 방향을 잡을 수 있으며, 점수를 받았을 때 놀라는 일이 없을 것이다.

■ 학습 환경

학습이 일어나는 물리적 장소는 다양한 방법으로 구성될 수 있다. 예를 들면, 학생들의 자리 바꾸기, 교수-학습 전문가 초대하기, 학급 혼합하기 등이 있을 수 있다. 모든 학습 환경은 적절한 장비와 시설이 갖추어져 있어야 한다. 특히, 어학실, 과학 실험실, 컴퓨터, 비디오 장비 등이 필수적이다.

그리고 무엇보다도 자기계발을 위한 상호 신뢰와 존중의 학습 분위기가 조성되어야 한다. 교사들은 학생들의 사고와 질문을 격려하는 분위기를 만들기 위해 노력해야 하고, 개인차를 존중하며, 의견의 불일치나 논쟁을 허용해야 한다. 교실은 위험을 감수하고 어떤 시도를 하더라도 창피를 당할 걱정이 없는 안전한 장소가 되어야 한다.

결론적으로, 학습 환경은 영재아들의 지적 요구뿐 아니라 감정에도 반응해 줄 수 있어야 한다. 이런 학습 환경이 조성되었을 때, 학생들은 건설적인 비판을 수용하고, 창의적으로 반응하며, 현실 세계에서 대처해 나갈 수 있는 방법을 발달시킨다.

기본적인 차별화 기법으로 학습을 간결하게 압축하거나 학생들을 군집집단으로 나누는 방법 등이 있으며, 이러한 기법을 통해 영재아들의 학습 요구를 충족시킬 수 있다.

압 축 압축은 보통 시험에서 특정 학습 내용이나 기술을 마스터한 것으로 확인된 학생들을 위해 학습 시간을 압축시키는 차별화 기법이다. 예를 들면, 만약 학급의 대부분의 아이들이 구구단을 배우는 동안에 이미 구구단을 다 외운 어떤 학생이 있다면, 교사는 그 아이에게 기존에 습득한 지식을 적절한 속도로 확장시켜 줄 수 있을 것이다. 영재 학생에게 학습 내용을 압축하여 제시할 때, 교사는 또래 영재아와 같이 활동할 수 있는 기회를 주어야 하며, 이미 끝낸 과제를 반복하는 데 시간을 낭비하지 않도록 주의해야 한다.

군집집단 구성 군집집단 구성은 일반 정규 학급에서 사용할 수 있는 또 하나의 차별화 기법이다. 능력에 따라서만 집단을 구성하는 것은 피해야 하지만, 영재아들의 강점을 지지하는 방식으로 그들이 함께 학습할 수 있도록 집단을 구성하는 것은 허용되어야 한다. 군집집단 구성은 비슷한 학습 능력과 요구를 가진 영재아들을 함께 배치하고, 나머지 학생들은 비록 서로 간에 능력과 요구가 다르더라도 하나의 집단으로 편성하는 것이다. 이 기법은 교사가 교육과정 압축과 차별화에 대한 훈련을 받았을 때 가장 효과적으로 운영될 수 있다.

개별학습 개별학습은 정규 학급 내에서 교사가 높은 수준의 사고력을 발달시킬 수 있는 내용과 기초 학습 내용을 통합시키는 한 가지 방법이다. 사실을 기억하는 것과 지식을 창의적으로 적용하는 방법을 아는 것 사이에는 큰 차이가 있다. 마찬가지로 개별학습 프로그램도 더 나은 방식으로 차별화될 수 있다. 즉, 더 복잡하고, 더 깊이 있고, 학생들에게 더 의미 있는 내용을 학습 속도를 더 빨리하여 진행하는 것이다.

속 진

속진은 또래들이 일반적으로 하게 되는 학교 수업보다 더 높은 수준으로 뛰어넘도록 허용하는 것이다. 속진에는 조기 입학, 독립적인 영재반에의 배치, 시험으로 학점 취득하기, 학 학년 혹은 여러 학년을 월반하기, 일 년에 두 학년을 끝내기 혹은 고등학교와 대학교를 동시에 등록하기 등 다양한 형태가 있다. 완전습득 학습(mastery learning)을 전제로 학생들은 자신만의 학습 속도로 교육과정을 조정할 수 있다. 혹은 특정 과목에서 한 학년 혹은 여러 학년을 월반하는 속진도 있다. 전체 과목에서 학년을 월반하는 속진은 또래의 보통 학생들보다 2~3년 이상 앞서는 수준일 때 고려된다.

영재교육에서 속진은 꽤 흔한 방법이지만, 특히 조기 입학이나 학년 월반의 경우 강경하게 반대하는 사람들도 많다. 영재아들이 자기보다 나이가 많은 학생들과 어울리면서 정서적으로 고통받을 것을 우려하기 때문이다. 이것은 생각해 볼 만한 문제다. 만약 당신의 어린 자녀가 초기 학령기에 월반을 했다면, 고등학교에 가서 어떤 결과가 생길까? 학교 동기들 중에서 가장 어릴 것이다. 아마 신체적으로 덜 발달되어 있을 것이고, 이것은 스포츠나 다른 활동에 참여하는 데 영향을 미칠 것이다. 미국의 경우라면 학교 동기생들과 같은 시기에 운전도 하지 못할 것이며, 이성 친구와 데이트할 준비도 되어 있지 않을 것이다.

이러한 우려에도 불구하고, 많은 연구들에서 아이들이 자신의 학습 속도에 맞추어 학습할 때 자신에 대해 더 긍정적으로 생각하고, 보다 높은 동기와 창의성을 발휘하며, 높은 포부를 가지게 되고, 사회성도 발달하는 것으로 보고하고 있다.

아이오와 속진 척도(Iowa Acceleration Scale)

아이오와 대학의 베린블랭크센터(Belin-Blank Center)에서 개발한 척도로서 교사가 학생이 학년 월반을 언제 하는 것이 적절한지 결정할 때 지침이 되는 척도다. 제공되는 점수와 지침은 교육자와 부모가 높은 수준의 능력을 가진 학생과 현재보다 개선된 학습 환경이 필요한 학생들을 선택하고 적절하게 배치하여 교육하는 데 도움을 준다.

고급학습 과정

미국의 고급학습 과정(Advanced Placement: AP) 학급은 고등학생들에게 더 수준 높은 학문적 도전과 성취의 기회는 물론 개인의 발전을 위한 기회를 주는 대학 수준의 학급이다. 미국 칼리지 보드의 지원을 받는 대학 과목 선이수제의 목적은 고등학교에 재학 중인 학생들에게 대학의 학점을 취득할 기회를 주기 위해 5월에 실시되는 국가 수준의 시험을 준비시키는 것이다. AP 학급이 반드시 영재 프로그램이라고 할 수는 없지만, 많은 고등학교들이 영재 학생들에게 제공하는 선택 프로그램 중 하나다. 유사하게 고등학교 우월반 역시 단순하게 높은 수준의 학급이지 반드시 영재 학급은 아니다.

대학 특별 수업

어떤 학교들은 학생들이 고등학교와 대학교에 이중으로 등록할 수 있도록 해 준다. 고등학교 AP 반에서 수업을 듣는 대신에 일부 정규 수업시간에 빠지고 근처에 있는 대학에서 수업을 받는 것이다. 대학 수업에 배치되는 방식은 다양하지만, 일반적으로 학생들은 고등학교와 대학교에서 모두 학점을 취득하게 된다. 일부 고등학교에서는 고등학교 수업에서 유사한 과목이 개설되어 있지 않을 때만 대학 수업을 듣는 것을 허락하는 경우도 있다.

어떤 고등학교에서는 정규 학년보다 짧은 기간 안에 졸업 자격이 갖추어지면, 졸업을 허용하고 더 어린 나이에 대학에 입학할 수 있도록 한다. 학생들은 보통의 경우보다 더 빠르고 유연하게 교과과정을 마칠 수 있다. 미국의 경우, 학생들이 홈스터디와 여행 혹은 교사의 지시에 따라 개별학습을 했다면 학교 수업을 면제받을 수 있으며, 학생들이 학습 내용을 완수한 것을 입증하면 학점을 받을 수 있다.

국제인증 학위 프로그램

국제인증 학위 프로그램(International Baccalaureate Program)은 국제적인 사고를 하는 학생들이 매력을 느낄 만한, 세계적으로 널리 알려진 프로그램이다. 높은 학문적 기준과 국제적인 이해 그리고 책임 있는 시민의식을 크게 강조한다는 점이 독특하다.

국제학위기관(International Baccalaureate Organisation: IBO)의 인가를 받은 학교들은 프로그램을 운영하기 위해 교육과정과 평가 개발, 교사 연수, 세미나, 전산 시스템 및 부가적인 교육 서비스를 지원받는다.

IB 프로그램은 현재 백여 개국 천 개 이상의 학교에 제공되고 있다. IB 프로그램을 실시하고 있는 고등학교를 졸업한 학생들은 대학에서 고급과정을 수강할 수 있는 자격을 얻는다. IBO 홈페이지(www.ibo.org)를 방문하면 프로그램을 실시하고 있는 학교와 프로그램에 대해 더 자세히 알아볼 수 있다.

인턴십

우수한 고등학생들의 교육을 강화시키기 위한 하나의 방법으로 특정 분야의 전문가와 함께 일하고 배우는 인턴십 프로그램이 있다. 보통 인턴십은 졸업이 가까운 학생들에게 가장 적합한 프로그램이다. 미국의 일부 고등학교에서는 상담교사가 특정 분야의 전문가와 학생을 연결시켜 주는 정규 인턴십 프로그램을 실시하고 있다. 학생들은 인턴십 프로그램을 통해 전문가 가까이서 특정 직업에 필요한 지식과 기술을 배우게 되고, 다양한 직업 상황에서 일하면서 그 일의 특성을 경험하게 된다. 인턴 학생들은 전문가들과 일하면서 부차적인 기술을 배우고, 그 분야의 사람들과 인적 관계를 맺을 수 있으며, 그 직업 분야의 전망을 탐색할 수도 있다.

만약 아이가 다니는 학교에 정규 인턴십 프로그램이 없다면, 학교 상담교사나 교육과정 담당자에게 이야기해 보라. 학교에서 직업교육의 일환으로 정규적인 인턴십 훈련이나 경험을 제공할 수는 있지만, 영재 학생들을 위해서 인턴십 프로그램을 개설할 의사가 없을 수도 있다. 그러나 적극적으로 요청하면 길이 열릴 수도 있을 것이다.

평 가

영재교육 프로그램의 지속적인 평가는 프로그램 운영 결과를 계획에 다시 반영하여 프로그램의 내용과 과정을 개선하고 수정하기 위한 기초 자료가 되므로 필수적이라 할 수 있다. 특히, 이 과정에서 학부모의 의견이 중요하다. 공식적인 문서 형식이든 교사나 교장에게 견해를 밝히는 비형식적인 방법이든 프로그램의 개선을 위한 학부모의 건설적인 의견은 대단히 중요한 역할을 하며 반영되어야 한다. 프로그램이 한 번 만들어졌다고 해서 개선하지 않고 계속 사용할 수는 없다. 새로운 학습 자료 또는 새로운 이론이나 견해가 생기면 그에 따라 프로그램이 개선될 필요가 있으며, 교사나 학생들도 프로그램의 개선을 요구할 수 있다. 영재 학생들에게 자신과 학습에 긍정적인 영향을 미친 것은 무엇인지 물어본 결과, 다음과 같이 응답했다.

- 체험학습 프로젝트
- 지역사회나 학교에서의 봉사 학습 활동
- 창의적이고 혁신적인 교과과정 교수법
- 현실과 관련된 의미 있는 교육과정
- 자신의 일과 학생들을 사랑하는 열정적이고 존경받는 교사
- 외부 인사를 초청하여 그들의 경험을 들려주는 것
- 융통성 있는 학습 계획

학부모의 권리

학부모는 언제, 어떤 방식으로 학교 영재 프로그램에 참여할 아이들을 선발하는지 알 권리가 있다. 또한 언제 테스트가 진행되는지, 결과는 어떤지 알아야 할 권리와 책임이 있다. 부모가 이런 정보를 알고 있으면 자녀와 이야기를 나눌 수 있고, 자녀는 무슨 일이 일어날지에 대해 미리 알고 마음을 편안하게 가질 수 있다.

만약 자녀가 영재 수업에 참여하게 된다면 학부모는 반드시 그 사실을 알아야 한다. 일부 학교에서는 학부모들이 지나치게 자부심을 가지게 될 것을 우려하여 학부모에게 말하기를 꺼린다. 그러나 학부모는 자녀를 이해하고 지원하기 위해 반드시 알아야 한다.

불행하게도, 많은 교사 연수 프로그램이 영재교육 분야의 연구결과를 반영하지 못하고 있다. 교사들도 교육과정을 어떻게 개발

해야 하는지, 영재아들의 교육적 요구에 적합한 교수법은 어떤 것인지 확신하지 못하는 경우도 있다. 이는 필요한 수업이나 교사 연수를 받지 못해서다. 자녀를 위해 의견을 말하고 질문하는 것을 주저하지 마라. 제6장에서 이 부분에 대한 몇 가지 정보를 제시할 것이다.

자녀의 학교에서 운영하는 교육 프로그램이 아이에게 적절한지 그렇지 않은지 어떻게 알 수 있을까? 학교에 자주 방문하라. 부모는 교사와 맞서야 할 상대가 아니라 동반자가 되어야 한다. 교사에게 "시간이 좀 있는데요, 교실에서 제가 도울 일이 없을까요?"라고 말해 보는 것도 괜찮다. 혹은 "아이들을 위해 이야기책을 읽어 주고 싶어요." "제 취미를 반 아이들에게 소개하고 함께 활동해 볼 수 있을까요?" "게시판 꾸미기나 선생님이 사용하실 자료를 좀 가지고 올까요?"라고 말해 보라.

한 학부모는 개학 첫날, 교사에게 베이글과 커피를 가지고 가서 기분 좋게 첫 대면을 했다. 또 아이가 좋은 경험을 했거나 향상되었을 때, 교사에게 감사의 말을 적어서 전했다. 이 때문에 그 학부모는 어떤 문제가 생겼을 때 교사가 적극적으로 들어 주고, 의문점이 생겼을 때 그 점에 대해 기꺼이 대화하려는 것을 느꼈다. 가능한 한 긍정적으로 생각하고 행동하라. 누구든지 긍정적인 피드백이 필요하다. 자녀를 가르치는 교사에게 그들이 잘하는 것이 무엇인지 알려 주는 것은 협력적 관계를 지속적으로 유지하는 데 도움이 될 것이다.

학생들의 권리

Carol Morreale
일리노이 영재아동협회

모든 학생에게 다음과 같은 사항에 있어서 기회가 주어져야만 하며 반드시 동등한 기회가 주어져야 한다.

- 모든 학생들은 새롭고 어려운 교육과정 내용을 통해 자신들의 정신과 마음을 유감없이 펼치고, 자신들이 가진 잠재적 능력을 극대화시킬 수 있어야 하며, 자신들의 고도의 사고를 사용할 수 있는 기회를 가져야 한다. 학급 내에서 이러한 기회의 차별화는 중요하다. 영재 학생은 기존의 교육과정을 보다 지적인 도전이 요구되는 교육과정으로 수정해서 자신들에게 제공해 주는 교사를 필요로 한다. 그리고 영재 학생들은 보다 빠른 진도, 보다 깊은 내용, 보다 추상적인 내용을 필요로 한다. 모든 학생들은 자신의 능력보다 약간 높은 수준의 교육과정 내용을 접함으로써 고차적인 사고를 적용하게 될 것이다.
- 모든 학생들에게 배우는 방법, 학습기술 그리고 끈기를 학습할 수 있는 기회를 제공해야 한다. 영재 학생들의 경우에 이러한 학습 기회는 제공되는 교육과정이 도전적이고 학습 내용에 대해 어떤 책임감을 가질 수 있을 때 생긴다.
- 모든 학생들은 학교생활에서 적어도 부분적으로 다른 지적인 또래들과 함께 학습할 수 있고, 집단의 일원으로서 느낄 수 있어야 한다. 영재 학생들은 같은 또래의 친구들뿐만 아니라 다른 영재 학생들과도 서로 연결되어 있다는 느낌을 가질 필요가 있다.
- 모든 학생들은 자신의 능력을 일찍이 인정받고 능력을 넘어서서 도전할 수 있는 기회를 가져야 한다. 어떤 영재성이라도 그 잠재력이 최대한 계발되기 위해서는 초기 발견을 통한 처치가 필요하다. 초기 학년 중에는 열심히 배우려는 학업적 열정이 사회적 기술만큼 중요하다. 어린 아동들

에게 학업적 도전의식이 없다면, 부모나 교사는 아동들에게 적절한 도전적 과제를 제시해 줌으로써 자신들이 무엇을 좋아하는지 알도록 해 주어야 한다.

- 모든 학생들은 심리적으로 배려된 환경 속에서 자신의 독특함을 계발시킬 수 있는 기회를 가져야 한다. 영재 학생들은 자신들의 심도 있는 질문에 또래 친구들이 참기 힘들어하고, 자신들이 사용하는 세련된 어휘나 독특한 흥미에 친구들이 당황하고 어려워한다는 것을 감지한다. 그래서 영재 학생들은 자신들의 독특함을 받아 주고 자신의 이해와 또래 관계 및 가족 관계와 관련된 문제들을 해결하기 위해 도움을 줄 수 있는 어른들을 필요로 한다.
- 모든 학생들은 학습과정에 충분히 적극적으로 관여할 수 있는 기회를 가져야 한다. 영재 학생들은 종종 폭넓은 기초 지식을 가지고 학교에 오기 때문에 그들이 모르는 새로운 무엇인가를 배우려면 오랫동안 기다려야 한다. 따라서 교사가 영재 학생들을 학습과정에 적극적으로 참여시키기 위해서는 전문적인 개발과 보다 엄격한 교사 자격 요건이 필요하다.
- 학생들의 지능, 성별, 인종, 빈부 또는 연령 등에 의한 차별적 기회가 없어야 한다. 영재아들의 요구를 충족시키기 위한 노력이 그들이 살고 있는 지역사회나 전통적인 역할 기대에 따라 달라지지 않아야 한다. 예컨대, 영재아들을 보다 일찍 학교에 보내거나 보다 높은 수준의 교육과정을 접하도록 할 필요가 있다. 영재 여아들은 보다 높은 수준의 수학반 또는 과학반에 들어가도록 격려해 줄 필요도 있다. 사회경제적 지위가 낮은 지역의 학생들은 지역 기준에 근거해서 영재 프로그램에 동등하게 접근할 수 있도록 해 주어야 한다.
- 모든 학생들에게 학습의 기쁨을 경험할 수 있는 기회를 주어야 한다. 그리고 학습의 기쁨이 오랫동안 지속되면서 다른 학습 경험에도 널리 전이되고 살면서 오랫동안 긍정적인 효과를 가지도록 해야 한다.

교사의 역할

학교에서 시행하는 교육과정 모형이나 전략이 무엇이든지 간에 아이가 학교를 좋아하게 만드는 데는 교사가 핵심적인 역할을 한다. 적절하고 성공적인 교육과정이 되기 위해서는 계획 단계에서 교사들이 참여해야 하며, 행정적인 지원이 이루어져야 한다. 행정가, 교사 그리고 학생들은 교육과정을 개발하고 운영하며 평가하기 위해서 함께 협력해야 한다.

교사의 역할은 학생이 안전함을 느끼고, 자극을 받을 수 있는 학습 환경을 조성하는 것이다. 교사는 학생들이 개별 활동과 소집단 및 대집단 활동 간에 균형을 이루도록 도와주어야 한다. 또한 교사는 정보의 전달자라기보다는 촉진자나 안내자의 역할을 하는 동시에 학생들이 질 높은 학습 경험을 할 수 있도록 지속적으로 노력해야 한다. 매일매일 실제 학생들을 가르치는 사람, 즉 교육과정을 운영할 때 최종 결정자는 교사라는 것을 기억해야 한다. 교사는 훈련된 전문가다. 그리고 교사는 교육과정에서 무엇을, 어떻게 가르치는지를 행정가로부터 평가받는다. 그러나 학부모들도 자신의 아이들에게 적합한 교육 프로그램을 주장하고 질문할 권리와 책임이 있다.

영재아들에게 있어 좋은 교사는 자신보다 더 똑똑할 수도 있는 학생들을 가르치는 데 열의가 있고, 그것 때문에 위협을 느끼지 않는 교사다. 배움을 사랑하고 학생들을 가르치는 자신의 능력에 자신감이 있어야 한다. 훌륭한 교사는 교실에서 각자 다른 것을 하고 있는 학생들에게 유연하고 편하게 대할 수 있다. 유머감각도 도움이 된다.

영재아들에게 '영재'를 가르치는 교사는 어떠해야 하는지 물어본 결과는 다음과 같다.

- 영재아를 이해하고 존중해 주는 사람
- 학생들의 목표를 높게 설정하고, 그것을 성취할 수 있도록 격려해 주는 사람
- 교재 내용보다 더 깊이 있는 과제를 다루어 주는 사람
- 학생이 과제를 잘했을 때 칭찬해 주는 사람
- 학생의 말을 경청해 주는 사람
- 책임감 있고 유능하며 혁신적이고 활기찬 사람
- 학생들을 사랑해 주고 보살펴 주는 사람

학부모는 영재 교사를 어떻게 생각하는가

영재아를 위한 수업을 계획하고 가르치고 평가하는 것은 교사들에게는 많은 시간과 노력이 필요한 일이다. 많은 전문가들과 학부모들은 영재아들이 보통 아이들보다 더 빠르고 더 쉽게 배우기 때문에 그들을 가르치는 것이 쉬울 것이라고 잘못 생각한다. 이것은

- "우리 아이는 작년에 학교를 중퇴하려고 했어요. 꾀병을 부리기도 하고, 구실을 찾아 학교에 가지 않으려고 했죠. 그런데 올해 영재 프로그램에 참여하면서 학교에 대한 태도가 완전히 달라졌어요. 영재반에 가는 것을 좋아하고 새 친구들도 사귀었어요."
- "우리 아들은 학교 수학 시간이 지루해서 죽겠다고 했죠. 숙제도 하지 않고, 너무 쉽거나 지루한 과제들은 안 하려고 했어요. 실수로 틀린 문제도 많았고, 숙제도 대충 해 냈어요. 그런데 올해 학교에서 우리 아이를 영재 수학반에 배치했어요. 아이가 너무 좋아해요. 수학 시간이 되기를 고대하고 숙제에 미친 듯이 몰두했어요. 저는 아이가 이 반에 들어가지 않았다면 무슨 일이 일어났을지 생각하기도 싫어요."
- "우리 딸은 영재반 선생님을 정말 좋아해요. 아이는 커서 꼭 그 선생님처럼 되겠다고 말해요. 영재 프로그램에 참여하면서 배우는 것도 더 좋아하게 되었고, 책에 엄청 흥미를 붙이게 됐죠. 아이는 이제 열심히 하면 자신이 원하는 건 어떤 것도 할 수 있다고 생각해요."

진실과 거리가 멀다! 영재아들은 학습 양이 많기 때문에 가르치는 데 더 많은 시간과 노력이 필요하며, 학습의 질이 높고 보다 어렵고 복잡하기 때문에 교사가 더 많은 훈련을 받아야 한다. 영재 학생들은 양적으로뿐만 아니라 질적으로도 더 나은 것을 요구하는 경향이 있다. 이러한 학생들에게 맞추기 위해서 교사는 더 많이 공부해야 한다. 학부모가 이러한 사실을 이해하는 것이 교사를 지원하는 것이 될 수 있다.

수업시간에 도움을 주거나 다른 방식으로 도울 수 있도록 시간을 내 보라. 체험학습을 하러 갈 때 운전해 주기, 외부 조사 활동이나 수업시간에 교사 보조하기, 심화학습을 위해 아이들과 함께 소집단 활동하기 등 도움을 줄 수 있는 방법들은 무궁무진하다.

더 이상 지루하지 않아요

교육자인 주디 갤브레이스(Judy Galbraith)는 영재아들의 가장 큰 불평 중의 하나가 '학교에서 해야 하는 것들이 너무 쉽고 지루하다는 것'이라고 말했다. 학교가 보다 도전적인 곳이 되기 위해서 어떻게 해야 할까? 학생들은 다음과 같이 말한다.

- "수업시간에 배우고 있는 것을 이미 다 알고 있을 때 선생님께 말씀 드려요. 그러면 선생님께서는 제가 읽고 싶은 것을 읽도록 그냥 놔두세요."
- "수업시간에 해야 할 것을 모두 끝내면 선생님께 컴퓨터를 해도 되는지 여쭤 봐요. 저는 컴퓨터로 작업하는 것을 좋아해서 몇 시간 동안이라도 몰두할 수 있어요."

영재 수업이 좋아요

영재 프로그램이 영재아들에게 적합할 때, 즉 교육과정이 아이들의 요구를 충족시켜 줄 때 어떤 일이 일어날까? 학부모들은 다음과 같이 말한다.

- “우리 아이가 드디어 공부에 의욕이 생겼어요.”
- “아이가 자신감이 생겼어요.”
- “아이가 학교에 가는 것을 좋아해요. 주말에도 가고 싶어 해요.”
- “그 수업시간에는 열심히 해야 하지만 재미도 있다고 해요.”
- “더 이상 우리 아이가 다 아는 척한다고 놀림을 당하지 않아요. 비슷한 수준의 아이들과 함께 있으니 다른 아이들도 우리 아이를 있는 그대로 받아들여 줘요.”

우리 학교에는 영재 프로그램이 없어요

어떤 경우에는 학부모가 학교와 함께 일하고, 교사와 회의를 하며, 의사결정자 수준의 사람들과 해당 절차를 밟았는데도 불구하고, 학교에서는 아이를 위해 아무것도 해 주지 않을 수도 있다. 일부 학교에서는 영재아의 요구에 적합한, 믿을 수 있는 프로그램을 운영할 자원이나 노하우가 없는 것이 현실이다. 이런 경우, 학부모는 어떻게 하면 좋을까? 다음에서 학부모가 선택할 수 있는 몇 가지 방안에 대해 살펴보겠다.

선택 가능한 공립학교

일부 학군의 학교들은 그 학군 내에 있는 다른 학교로 전학하는 것이 허용된다. 물론 아닌 곳도 있다. 미국 내의 일부 주와 대도시

지역에서는 학생들이 학군을 옮길 수 있도록 허용한다. 학부모는 자신이 거주하고 있는 지역의 교육정책을 알아보아야 한다. 특정 분야에 재능이 있는 학생들을 별도로 선발하여 전문적으로 교육시키는 프로그램을 운영하는 마그넷스쿨이나 교사, 학부모, 지역 단체 등에서 설립하고 공적 자금으로 운영되는 차터스쿨과 같이 선택이 가능한 학교도 있다. 이런 형태의 학교들은 공교육의 범위 내에서 학생과 가족들에게 더 많은 선택의 대안을 제공하고, 공립학교 간의 경쟁을 유도하여 교육적 혁신과 발전의 원동력이 된다.

마그넷스쿨(Magnet School) 보통 규모가 큰 학군에서 운영하는 마그넷스쿨은 특별 교육과정과 테마, 중점 교육 영역(기술, 미술, 과학, 문화 활동 몰입 프로그램, 영재 프로그램 등)을 강조하는 특성화된 공립학교다. 학군 전 지역 내의 모든 학생에게 지원 자격이 주어지며 교통편도 제공된다. 공립 마그넷스쿨은 아마도 대기자 명단이나 지원 기간이 있을 것이다. 지역 내 지원 가능한 학교가 있는지 살펴보라.

차터스쿨(Charter School) 학교위원회가 아니라 교육자, 학부모, 지역사회의 일원들이 독립적으로 관리하는 공립학교다. 마그넷스쿨과 마찬가지로 특별한 사명이나 교육철학, 교육과정, 테마, 교수방법에 따라 체계화되어 있다. 차터스쿨은 대부분의 공립학교들이 따라야 하는 엄격한 정책과 규칙에서는 어

느 정도 자유롭지만 「차별금지법」과 같은 특정 주정부나 연방 정부의 지침은 준수해야 한다. 몇몇 주의 경우, 차터스쿨은 평가를 통해 존폐를 결정하게 된다. 학생들이 향상되었음을 증명하지 못한 차터스쿨은 폐지될 수 있다. 또 마그넷스쿨과 마찬가지로 학군 내의 학생들만 지원할 수 있는 지역 제한이 있다. 인기 있는 학교들은 대기자 명단이 있으며, 추첨제로 학생을 선발할 수도 있다. 차터스쿨을 선택하기 전에 학교의 교육철학과 교사들에 대해 먼저 알아보아야 하며, 반드시 학교를 방문해 보고 자녀의 교육적 요구에 맞는 학교인지 확인해야 한다.

사립학교

사립학교는 종교단체에서 운영하는 학교에서부터 진학 지도 중심의 사립학교까지 다양한 유형이 있다. 학비도 많은 차이가 있다. 사립학교라고 해서 모두 공립학교보다 더 나은 교육을 제공한다든지 영재아들에게 더 적절한 교육을 한다고 볼 수는 없다. 어떤 주에서는, 영재아를 담당하는 공립학교 교사들은 규정에 명시된 영재교육 연수를 받아야 한다. 그러나 대부분의 사립학교에서는 그렇지 않다. 아이가 수업시간에 가르치는 내용의 대부분을 알고 있다면 어떻게 하는지, 그리고 이런 아이들을 위해 어떤 교육과정이 운영되고 있는지 반드시 물어보아야 한다.

사립학교는 학부모가 원하는 많은 것을 제공해 줄 수 있지만 그만큼 비용도 많이 든다. 어떤 장학금제도가 있는지, 가족의 수입에 따라 아이에게 적합한 수업료 차등제를 실시하는 학교가 있는지 찾아보라.

홈스쿨링

영재아 자녀가 있는 학부모들은 시간제든 전일제든 홈스쿨링을 선호하는 경향이 있다. 홈스쿨링은 전통적인 학교체제 밖에서 하는 교육으로 주로 가정에서 하는 교육을 말한다. 학부모나 멘토가 학생들의 개인적인 학습 요구에 따른 학습 목표를 세우고 보다 도전적인 과제와 흥미로운 경험을 할 수 있도록 교육하게 된다. 홈스쿨링은 엄청난 시간과 재원이 투입되어야 하는 교육방법이지만, 또래 아이들과 다른 속도로 학습하는 아이들에게는 많은 이점이 있다. 홈스쿨링을 하는 영재아들은 더 이상 또래 친구들의 교사 노릇을 하거나 아이들이 이해할 동안 기다릴 필요가 없다. 또한 일반적인 교실에서 다루어지는 훈육 문제로 더 이상 소중한 수업시간을 허비할 필요가 없다. 학부모는 자녀의 학습 양식, 흥미, 학습 준비도에 따라 교육과정을 구조화할 수 있다. 아이가 어떤 주제에 예민하다든지 무척 좋아한다면 학습과정을 조정할 수 있다. 그 분야를 심도 있게, 복잡하고 어려운 부분까지 탐구할 수 있다. 현장학습을 갈 수도 있고, 제약이 없는 상태에서 프로젝트를 계획할 수도 있다. 한 학부모는 자녀와 함께 장기적으로 공부할 수 있어서 좋았다고 말했다. 자녀가 배우는 것을 좋아하는 것을 볼 수 있었고, 자녀가 학습한 개념을 실생활 영역에 관련짓도록 도울 수 있었다.

그러나 홈스쿨링은 쉬운 일이 아니며, 가볍게 다루어서도 안 된다. 학교에는 교과서와 교과과정 그리고 다양한 전문성을 지닌 교사들이 있다. 홈스쿨링을 하는 학부모는 모든 교과 영역에 대한 지식이 있든지 아니면 문서화된 교과나 정보를 가지고 있어야 한다.

홈스쿨링을 고려 중인 학부모라면 언제 학교로 돌아갈 것인지도 생각해 보아야 한다. 홈스쿨링을 하는 학생들 중에는 학교 활동이나 놀이, 클럽 활동, 우등반이나 특별반, 운동, 밴드, 뮤지컬 등에 참여하고 싶어서 고등학교에 들어가는 것을 택하기도 한다. 홈스쿨링을 한 학생들 중에는 학급 급우들보다 학업에서 앞선 경우도 있지만, 학교에 들어가서는 자신이 학업에서 놓친 부분이 있었다는 것을 알게 되는 경우도 있다.

홈스쿨링을 하는 자녀가 고등학교에 가는 것을 원치 않는다면 학부모는 아이의 보다 높은 수준의 학습적 요구를 충족시켜 주어야 한다. 학부모는 자신이 외국어, 고급수학, 과학 실험, 연구 · 조사 방법 등을 가르칠 준비가 되어 있는지, 문학과 역사에 대한 충분한 지식이 있는지 생각해 보아야 한다. 어떤 학부모는 학교보다 더 잘 가르칠 준비가 되어 있을 수도 있지만 그렇지 않은 경우도 있다. 마찬가지로 자녀의 학습을 어떻게 기록하고 평가할지도 고려해 보아야 하며, 아이가 자신의 미래를 어떻게 설계하고 있는지도 알아보아야 한다.

어떤 학생들은 정규 학교에서 사회적 관계를 맺고 싶어 하지만 그렇지 않은 아이들도 있다. 이웃에 있는 다른 아이들과 같은 경험을 하는 것이나 같은 사람을 알지 못하는 것이 어떤 아이들에게는 문제가 되지 않지만, 어떤 아이들에게는 문제가 되는 경우도 있다. 어떤 아이들은 학교에 다니면서 혼자만의 경험을 하고 싶어 한다. 즉, 부모에게 이야기해 주고 싶은 자신만의 경험을 가지고 싶어 한다. 하지만 부모가 교사인 것이 좋은 아이들도 있다.

홈스쿨링을 하는 학부모는 프로젝트 작업을 하거나 공원, 콘서트, 박물관에 가고, 연극 공연과 축구 게임 등을 함께할 홈스쿨링을 하는 다른 부모들과 모임을 만드는 것이 도움이 된다. 일부 홈스쿨링을 하는 학부모는 자녀들이 더 다양한 주제와 흥밋거리를 탐구할 수 있도록 협동조합을 결성하기도 한다. 이를 통해 부모들은 서로 부족한 부분을 보완해 주고, 자신들의 장점은 살릴 수 있다. 예를 들면, 과학을 전공한 부모가 아이들과 함께 과학탐구 프로젝트를 진행할 수 있으며, 음악을 전공한 학부모는 자신의 재능을 아이들을 위해 활용할 것이다. 학생들도 마찬가지로 여러 분야의 전문가로부터 배우게 되면 자신들의 학습을 구조화하는 데 도움을 받을 수 있다. 학생의 부모에게만 배울 경우 이런 혜택을 받는 것은 어렵다.

만약 자녀가 학습장애나 언어 장벽과 같은 특별한 문제를 가지고 있다면 당장 홈스쿨링에서 나타날 수 있는 특별한 문제들을 고려해야만 한다. 공립학교에서는 이처럼 특별한 학습장애를 가진 학생들을 도울 수 있는 다양한 분야의 전문가가 있다. 예를 들면, 언어장애가 있는 학생은 언어치료 전문가의 도움이 필요할 것이다. 학부모가 이 분야에서 아이를 도울 수 있는 전문가도 아니고 필요한 훈련도 받지 않았다면(학부모 중에서 그런 사람이 몇 명이나 있을까?), 아이의 요구를 충족시키는 것에서 학교가 오히려 유리할 수도 있다. 잠시 동안 학교와 연합하는 것이 최선일 수도 있다.

홈스쿨링은 미국의 50개 주 모두와 캐나다 등 많은 나라에서 합법적이지만 관련 법률과 정책은 매우 다양하다. 홈스쿨링을 시작하기 전에 자신이 거주하고 있는 지역의 관련 규정을 반드시 확인해 보아야 한다. 홈스쿨링을 하고 있는 다른 가족들과 관계를 맺는 것이 보다 많은 정보를 수집할 수 있는 가장 좋은 방법이다.

만약 부모가 홈스쿨링을 하는 데 어떤 제약이나 반드시 해야 할 의무 사항이 있다면 시간제 홈스쿨링을 하는 것이 좋다. 학교와 협력해서 아이가 가진 특별한 흥미나 특정 분야에 대한 열정을 키워주는 것도 좋은 방법이다. 처음에는 학교 교육과정을 활용하여 연구하고 프로젝트를 발전시킬 수 있다. 웹사이트를 살펴볼 수도 있으며, 여름방학 동안 홈스쿨링을 실시할 수도 있다. 아이에게 맞는 방법을 찾아보아야 한다. 하나의 프로그램으로 아이에게 필요한 모든 것을 충족시킬 수는 없다. 어떤 방법이든지 장단점이 있기 마련이다. 자신의 자녀를 가장 잘 아는 사람은 부모다. 한 아이에게 맞는 방법이 다른 아이에게는 맞지 않을 수도 있다. 자녀의 요구에 맞는 방법을 찾아내고 결정을 내리는 것은 부모의 권리이자 책임이다. 아이의 입장에서 생각하고, 인내심을 가지고 지속적으로 과정을 만들어 나가야 한다.

보충 정보를 위한 참고문헌

Aiming for Excellence: Gifted Program Standards edited by Mary Landrum, Carolyn Callahan, and Beverly Shaklee (Washington, DC: National Association for Gifted Children, 2001). A framework of standards for educators to use when planning programs for gifted students.

A to Z Home's Cool Homeschooling Web Site
homeschooling.gomilpitas.com
This large collection of articles, links, and resources on homeschooling includes a section on homeschooling gifted children, as well as basic information on legal issues.

The complete Guide to Homeschooling by John and Kathy Perry (Los Angeles: Lowell House, 2000). A guide to homeschooling that includes a comprehensive list of contact information for departments of education and home educator organizations in all fifty states. It can also help you to explore whether or not to homeschool, how to develop confidence and keep life in balance, what to teach, and how to approach homeschooling with elementary, middle school, and high school students.

The Gifted Kids' Survival Guide: For Ages 10 & Under by Judy Galbraith (Minneapolis: Free Spirit Publishing, 1999). A book for gifted kids about what it means to be gifted.

The Gifted Kids' Survival Guide: A Teen Handbook by Judy Galbraith and Jim Delisle (Minneapolis: Free Spirit Publishing, 1996). Information for gifted teens on giftedness, school success, college planning, and more.

Some of My Best Friends Are Books: Guiding Gifted Readers from Preschool to High School by Judith Wynn Halsted (Scottsdale, AZ: Great Potential Press, 2002). A resource guide based on the idea that by reading and discussing books with children, parents and teachers can improve self-awareness and promote nonthreatening discussions.

Teaching Gifted Kids in the Regular Classroom by Susan Winebrenner

(Minneapolis: Free Spirit Publishing, 2001). Learn about ways to meet the needs of the gifted child in the regular classroom.

Teaching Young Gifted Children in the Regular Classroom by Joan F. Smutny, Sally Walker, and Elizabeth Meckstroth (Minneapolis: Free Spirit Publishing, 1997). A resource packed with educational strategies to bring out the best in young children.

성공이란 사람을 궁지로 내모는 것과
자기편으로 사람을 끌어들이는 것의 차이를 아는 것이다.

빌 코플랜드(Bill Copeland)

Chapter 6

영재교육 개선을 위한 지원 활동

- 영재아인 자녀를 위해 부모가 할 수 있는 일은 무엇인가?
- 영재아와 영재 프로그램을 위한 지원과 기금을 조성하기 위해 어떻게 해야 할까?

영재아인 자녀가 최상의 교육을 받기를 원한다면 영재교육 지원에 적극적으로 참여해야 한다. 이것은 자신의 자녀뿐 아니라 모든 아이들에게 영향을 미칠 수 있는 일이다. 모든 아이들이 잠재력을 최대한 발휘할 수 있는 교육을 받는다면 우리 모두에게 좋은 일이다.

영재아를 효율적으로 지원하고 더 나은 결과를 얻기 위해서는 대항해서 싸우기보다는 영재교육과 영재아를 대변하는 옹호자가 되어야 한다.

우리 사회는 영재에게 편견을 갖고 있는 것이 사실이다. 사회는 영재의 재능을 활용하기를 원하지만, 그들의 교육을 위해 투자하는 것은 원치 않는다. 교사나 행정가들 중에서도 영재교육을 지지하는 사람들은 소수에 불과하다. 입법자들과 정책 결정자들은 일반적으로 영재교육의 필요성과 쟁점에 관한 지식이 없다. 영재교육을 위해 쓰이는 예산은 아주 적으며, 이는 영재 학생은 특별한 교육적 배려가 없어도 된다는 일반적인 오해 때문이기도 하다. 영재 학생들이 적절한 교육 서비스를 받게 하기 위해서는 영재교육에 대한 지식과 지혜를 가지고 있는 학부모들이 영재교육을 옹호하는 대변자가 되어야 한다.

영재교육의 권리를 주장하기 위한 6단계

교실 내에서 자신의 자녀를 위해 권리를 주장하든지 혹은 전국의 모든 영재아들의 권리를 위해 일하든지 간에 영재교육의 권리를 주장하기 위해서는 다음의 6단계를 거칠 수 있다.

1. 정보 수집하기 아는 것이 힘이다. 자녀에게 필요한 것이 무엇인지, 학교에서 아이에게 해 줄 수 있는 교육 서비스는 어떤 것인지, 어떤 전략이 영재아를 위해 좋은 것인지 알아야 한다. 목적을 이루는 데 방해가 되는 문제와 장애물은 어떤 것이 있는지도 알아보아야 한다.

2. 동반자 찾기 영재교육을 증진하기 위해 공통적인 관심사를 나눌 수 있는 사람과 조직을 찾아보라. 더 큰 영향력을 가질 수 있도록 이러한 사람들과 연계하는 것이 좋다.

3. 게임의 규칙 이해하기 학교, 교육위원회, 교육청이 어떻게 정책과 규정, 법률정책 등을 결정하는지 그 과정을 이해해야 한다. 효율적으로 변화에 기여하기 위해 교육과 관련된 체계들이 어떻게 움직이는지 이해할 필요가 있다.

4. 기록을 문서화하여 보관하기 교사나 학교 교직원과 면담한 자료, 아이가 학습한 내용을 평가한 결과물, 아이의 작품 샘플, 정책 입안자들에게 보냈던 편지 등을 문서화하여 보관해야 한다.

5. 해결책 제시하기 문제가 무엇인지 아는 것은 쉬운 일이다. 해결책을 찾아내는 것이 어려운 일이다. 영재아의 권리를 옹호하는 대변자로서 영재교육의 증진을 위해 구체적이고 현실적인 제안을 하는 것이 도움이 될 수 있다.

6. 인내심 가지기 변화는 하루아침에 일어나지 않는다. 학부모와 지역사회 인사들의 지속적인 헌신이 점진적인 변화를 가능하게 한다.

우선 가까운 곳에서부터 시작하라. 무엇보다도 먼저 자녀의 학교에서는 어떻게 하고 있는지에 대해 지속적으로 관심을 가지고 정보를 파악해야 한다. 가능하면 학교 일이나 학부모회에서 적극적으로 참여하고 활동하는 것이 좋다. 이렇게 하는 것이 교실 안팎에서 일어나는 일을 알 수 있는 방법이 된다. 아이의 학급에 도울 일이 있을 때는 가능하다면 언제든지 도움을 주고, 자신이 잘하는 것이나 취미를 학급의 아이들과 나눌 수 있도록 해 보라. 아이의 담임교사와도 가까워지는 것이 도움이 될 것이다.

아이의 말에 귀를 기울여라. 나의 경험으로는 아이에게 학교에서 무엇을 했는지 물었을 때 아이는 그냥 "아무것도 안 했어요."라고 대답하곤 했다. 그러나 나는 아이가 학교에서 어떤 새로운 것을 배웠는지 알고 싶었고, 이미 알고 있는 것을 반복하는 것이 아니라 어려운 개념을 이해하기 위해 어떤 노력을 했는지 확인하고 싶었다. 그래서 "오늘 학교에서 뭘 했니?"라고 질문하기보다는 "오늘 어떤 새로운 걸 배웠니?" 또는 "오늘 배운 것에서 어려운 것은 뭐였니?"라고 묻게 되었고, 그것이 훨씬 더 효과적이라는 것을 알게 되었다.

영재교육에 관해 들었던 모든 것에 대해 질문하는 것을 주저하지 말아야 한다. 놀랍게도, '영재'라고 이름 붙인 모든 것들이 '영재'가 아닐 수도 있다. 심지어 영재교육이라고 불리는 교육이 영재교육이 아닐 수도 있다는 것이다. 부모가 적극적으로 활동하는 것이 자녀에게 훌륭한 역할모델이 된다. 행동이 말보다 더 강한 메시지를 전달한다.

지원 단체에 참여하기

영재 자녀를 키우는 부모로서 때로는 혼자인 것처럼 느껴질 때가 있을 것이다. 그러나 당신은 혼자가 아니다. 미국에서는 적어도 250만 명 이상의 아이들이 영재아로 분류된다. 이 아이들의 부모들 역시 당신과 마찬가지로 걱정과 두려움과 희망을 가지고 있을 것이다. 이 사람들을 찾고, 관심을 보이고, 관계를 형성하는 것이 도움이 된다.

학부모 지원 단체에 참여하게 되면 많은 것을 얻을 수 있다. 무엇보다도 정신적인 지지와 동료를 얻을 수 있다. 단체에 참여하기 전에 그 단체가 목적과 사명을 가지고 있는지 확인해 보아야 한다. 새로운 구성원을 환영하고, 과도한 회비를 부과하지 않는 단체를 찾아보라. 서로 의견을 공유하고 지식을 확장할 수 있는 기회가 될 것이다. 어떤 단체는 관심 있는 주제에 관한 연설이나 프로그램을 지원한다. 자녀의 권리를 옹호하고 대변자가 되는 데 함께할 사람들을 만날 수도 있을 것이다.

지역 학군 내에 영재아 부모를 지원하는 단체가 없다면 직접 시작해 보라. 지역 학군의 영재교육 담당자에게 도움을 요청하면 다른 영재아 부모들과 연결시켜 줄 수도 있을 것이다. 만약 지역 학군 내에 영재교육 담당자가 없다면 다른 영재아 부모를 찾는 데 교사나 교장에게 도움을 요청할 수도 있다. 자신이 살고 있는 지역과

인접한 도시에 있는 영재아 부모 단체와도 접촉하여 그 모임이 어떻게 시작되었는지, 예상치 못했던 문제가 무엇이었는지, 어떤 유형의 프로그램을 운영하고 있는지, 어떻게 지원받고 있는지(우편물 발송, 복사, 행사 중에 사용할 다과 등을 위한 자금이 필요하다) 등을 알아볼 수도 있다.

지원 단체를 만들기 위해서는 모임을 개최할 장소를 찾고 시간을 정하는 것으로 시작해야 한다. 지역 도서관에 안내문을 게시하고, 단체에 관심이 있을 만한 사람들을 알고 있는 아동 담당 사서에게도 반드시 말해 두어야 한다. 학교 신문 소식란에 실을 수 있는지 문의해 볼 수 있다. 영재교육과 관련된 모임이나 회의 일정을 입수하기 위해 충분한 시간을 두고 지역 신문과도 접촉해 보라. 영재 학생의 교육적 요구를 충족시키기 위한 목표를 항상 염두에 두고 모임의 안건을 정해야 한다.

영재 자녀를 둔 다른 학부모들의 요구도 파악해야 한다. 영재아 부모들이 중요하게 생각하고 원하는 것이 무엇인지 알아보기 위해 공식적으로 학교를 통해 설문지를 돌릴 수도 있다. 이때 반드시 먼저 학교의 허락을 받아야 한다. 비공식적으로는 영재아 부모들에게 직접 전화로 물어보는 방법도 있다. 다른 부모들의 요구를 파악하게 되면 앞으로 어떤 활동들을 계획해야 할지 지침을 얻을 수 있다.

모임에는 목적이나 주제가 확실한 안건이 있어야 한다. 모임의 주제가 확실하지 않으면 자랑거리나 늘어놓는 모임으로 변질될

영재아 지원 단체

미국 등의 영재와 관련된 전국 단위의 협의회에서는 좋은 정보를 제공한다. 저널, 대규모 협의회, 인적 네트워크 형성 기회와 같은 다양한 서비스를 받을 수 있다. 물론 교육자, 연구자, 상담자 등을 위한 전문적인 협회이지만 부모들도 혜택을 받을 수 있다.

특수아동협회(The Council for Exceptional Children)
– www.cec.sped.org

영재아동학회(Gifted Child Society)
– www.gifted.org

국립영재아협회(National Association for Gifted Children)
– www.nagc.org

기프티드 캐나다(Gifted Canada)
– www3.telus.net/giftedcanada

수 있다. 자녀 훈육, 형제간의 경쟁의식, 시간 관리, 영재 프로그램 지지 등과 같은 부모들의 관심사가 모임의 주제가 될 수 있다. 영재아 및 영재교육 전문가나 지역대학의 교수를 초청하여 강연을 듣거나 영재아를 패널로 하여 이야기를 듣는 것도 고려해 볼 수 있다.

평이한 대화를 나누는 시간도 반드시 필요하다. 영재아 자녀를 둔 부모들은 대체로 비슷한 문제를 경험하고, 많은 사람들이 그 경험을 통해 깨달은 바나 문제의 해결책을 공유하기를 원한다.

외부인들이 부모들의 자기만족을 위한 단체라고 폄하하더라도 신경 쓸 필요가 없다. 나의 경험에 의하면 대개의 경우, 그 반대다. 오히려 대부분의 부모들은 자녀의 영재성을 과소평가하려 하고 심지어 어떤 경우에는 자녀의 영재성을 부정하기도 한다.

영재 자녀를 둔 다른 부모들처럼, 학교 이사회에 참석하거나 아이의 학교 전학을 결정하는 것, 거리가 먼 학교에 차를 태워서 보낸다거나 집에서 아이를 가르치는 것, 아이를 월반시키는 것과 같은 일들을 해야 할 수도 있다. 이 같은 행동은 친척이나 이웃 또는 친구들의 비난을 살지도 모른다. 특히, 가까운 사람들이 반대할 때는 아이를 위해 이 같은 결정을 하는 것이 어려울 수 있다. 이런 때는 당신을 이해해 주는 학부모들이 공감해 주거나 학부모 단체의 지지가 있으면 한결 나을 것이다.

지역 차원의 지원 활동

학부모는 학교체제 안에서 교사나 행정가들보다 더 큰 영향력을 행사할 수 있는 가장 큰 단일 집단이다. 학교는 우리 사회를 반영하고, 학부모는 그 사회의 중요한 부분이다.

영재교육은 학부모의 공개적인 지지나 참여 없이는 존재할 수 없을 것이다. 많은 영재 프로그램이 영재아의 부모 덕분에 존재한다. 학부모들이 교사, 행정가, 교육위원회와 협력하여 영재 자녀들의 학교에 주요한 변화를 성공적으로 이끌었다.

이러한 영재교육 지원 활동의 모범 사례로 도로시 크나퍼(Dorothy Knopper)를 들 수 있다. 도로시는 소규모의 학부모 단체에서 활동하며 영재아를 위한 개별화 교육과 특수 교육과정을 운영할 수 있도록 하는 데 영향을 미쳤다. 이 단체는 현재 미시건 주 리보니아에서 모범적으로 실시하고 있는 영재 프로그램의 개발에 중요한 역할을 했다. 도로시의 활동은 1974년 미시건 주 정부 차원에서 영재교육을 위한 기금 제정을 이끌어 냈으며, 주정부에서 영재 전문가를 고용하도록 했다.

지금이라도 교육체계의 개선을 위해 지원 활동을 시작한다면 당신의 자녀에게 그 혜택이 돌아올 것이다. 당신이 할 수 있는 기본적인 일부터 시작해 보자.

교사와 협력하는 것부터 시작하라

성공적인 영재 프로그램을 위해서는 교사, 부모, 행정가 등 모든 사람들이 협력하고 기꺼이 양보하는 자세를 가져야 한다. 자녀가 참여하고 있는 영재 프로그램이 일반적인 수업과 전혀 차이가 없거나 교사가 영재 프로그램을 효과적으로 운영하지 못한다면 아이를 위해서 부모가 목소리를 낼 필요가 있다.

지역 교육청의 영재교육의 목표나 방향에 대해 아는 것도 도움이 된다. 거의 모든 지역 교육청에는 이와 같은 교육 방향이나 목표가 제시되어 있으며, 학부모가 이것에 관해 알고 있으면 자녀가 다니는 학교에서 더 나은 영재교육 프로그램을 시행할 수 있도록 촉구하는 데 중요한 정보로 사용될 수 있다. 전형적으로 이런 교육 방향이나 목표에는 '모든 학생들은 그들의 학습 요구에 적합한 교육을 받을 권리가 있다. ○○지역 교육청은 학문적으로 재능이 있는 학생들을 인식하고 그들에게 차별화된 교육 프로그램의 혜택을 받도록 한다. 학문적으로 재능이 있는 학생들에게는 발달적으로 적합한 프로그램이 풍부하게 제공될 것이다.'와 같은 내용을 포함하고 있을 것이다.

어떤 경우에는 좀 더 세부적으로 제시하기도 한다. '△△지역 교육청은 학문적 영재아들에게 개인의 자아실현과 사회적 기여를 위해 자신의 잠재력을 최대한 발휘할 수 있는 기회를 제공한다. 이러한 프로그램은 높은 수준의 사고력과 문제해결 전략을 개발하고, 자아개념과 자아존중감을 향상시키는 데 중점을 둔다. 영재를 위한 프로그램은 심화된 활동과 속진을 할 수 있도록 구성하며, 일반 학급에서 담임교사가 영재 프로그램을 진행하고, 영재 수업을 조력하는 교사가 수업에 필요한 교재 제공을 지원한다.'

학부모가 학교의 교육 목표를 알고 있으면 자녀에게 이것이 어떻게 실현되고 있는지 물어볼 수 있다. 학부모에게는 교육 목표나 교육 방향이 어떻게 이행되고 있는지 물어볼 권리와 책임이 있다.

영재 학생들을 위해 계획된 것은 어떤 것이 있는가? 영재 프로그램의 평가는 실제로 이루어지고 있는가? 학교에서는 지필 형식의 영재 프로그램만 제공하는가? 실제로 영재 프로그램이 실시되고 있는가? 몇 개의 등급 수준으로 이루어져 있는가? 예산은 얼마가 투입되는가?

학교체계는 고도로 구조화된 조직이다. 문제가 있을 때는 일반적으로 아래 단계에서부터 시작해서 단계를 밟아 가며 노력하는 것이 최선이다. 아이가 이미 알고 있는 것을 너무 많이 반복해야 하는 숙제를 내 줬다고 가정해 보자. 만약 아이가 다섯 문제를 풀면 특정 개념을 완벽하게 익힐 수 있는데, 숙제는 쉰 번을 풀어야 하는 것이라든가, 철자를 이미 알고 있는 단어를 스무 번이나 써야 하는 숙제를 하고 있다면, 아이의 교사를 만나 대화할 필요가 있을 것이다. 아이가 한 교사와의 관계에서 문제가 있다면 교장이나 그 이상의 상급자를 만날 것이 아니라 담임교사와 먼저 대화를 시도해야 한다. 만약 고위직의 사람을 만나게 된다면 그들은 교사와 이야기를 나누어 보았는지를 먼저 물어볼 것이다. 교사가 어떤 반응을 보일지 다 알고 있다 하더라도 그 교사부터 먼저 만나 보아야 한다. 만약 교사와의 만남에서 결과가 만족스럽지 않다면 그때 교장을 찾아가 보도록 한다.

일부 교육청에는 영재교육 담당자가 있다. 보통 그들은 과중한 업무로 인해 시간이 많지 않을지도 모르지만 학부모의 의견을 친절하게 들어 줄 것이다. 영재교육 담당자는 학군 내의 전반적인 프로그램을 이해하고, 영재아들의 교육적 요구를 알고 있다. 그들은 또한 조직 내에서 발언권을 가지고 있을 것이다.

만약 자신이 살고 있는 지역 교육청 내에 영재교육 담당자가 없다면 특수교육 담당자가 최상의 정보를 제공해 줄 수 있는 사람이다. 전문 분야나 교육과정 조정자들이 더 많은 도움을 줄 수도 있을 것이다. 조직체계 내에서 영재교육 옹호자를 찾는다면 혼자서 주장하는 것보다는 보다 쉽게 주목을 끌 수 있다.

교육체계를 파악하고 있는 다른 영재아의 부모들도 도움이 될 수 있다. 지역 내에 영재아 학부모 단체가 있어서 도움이나 지원을 받을 수도 있다. 만약 없다면 지역에 있는 영재 관련 기관에서 가까운 곳에 있는 영재아 부모들의 모임을 알려 줄 수도 있다. 학교체계 혹은 교육 방향에 대해 가능한 한 많은 정보를 알고 있는 것이 도움이 된다.

때로는 일을 이성적으로 진행하다가 감정이 개입되어 적절하지 못한 방법으로 덤비려 할 때도 있을 것이다. 그러나 학교체계에 대한 불만이 정당한 것일지라도 자신의 생각을 전달하고 관철시키기 위해서는 요령이 있어야 한다. 확고한 태도를 가지되, 공격적이어서는 안 된다.

무조건 밀어붙이고 불쾌한 상황을 만드는 학부모들은 종종 득보다는 실이 많다. 어떤 일에 분노한 상태라면 잠시 가라앉힐 시간을 가져라. 생각을 글로 적어 보고, 혼자 마음속에 담아 두라. 산책을 하며 화난 마음을 진정하고 충분히 생각해 보라. 당신은 지원을 원

교사와의 면담을 위한 10가지 조언

1. 면담을 위한 약속을 정하라. 약속 없이 그냥 들르지 마라.
2. 자녀가 한 것, 말한 것, 관심 있는 것, 읽은 것을 기록하라. 날짜를 반드시 기록하라.
3. 교사와 면담하기 전에 말하고 싶은 것을 미리 생각하라.
4. 표현할 때 어휘 선택에 주의하라. 긍정적인 생각을 가지고 시작하도록 하라.
5. 교사가 모든 것을 해 주거나 모든 질문에 답해 줄 것이라고 기대하지 마라. 교사와 협력 관계를 유지하고, 해결책을 협의하라.
6. 사교적이고 요령 있게 그리고 정중한 태도로 임하라.
7. 자녀의 요구에 초점을 맞추라. 교사가 잘못했다고 생각되는 것에 초점을 두어서는 안 된다.
8. 교사의 말을 경청하라.
9. 유머감각을 유지하라.
10. 언제, 어떻게 할 것인지에 대해 서로 동의한 것을 요약하라. 계획을 진행시킬 방법에 관해 이야기할 시간을 정하라.

만약 교사와의 만남이 당신이 기대한 것에 비해 성공적이지 못했다면 단계를 뛰어넘어 교장과의 면담을 시도해 보라. 앞에서 말한 10단계를 지키며 다시 진행해 보라. 답을 얻을 때까지 단계에 따라 상급자들을 만나 보라.

한다. 그런데 변화를 가져올 수 있는 힘을 가진 사람과 멀어지게 되면 그 지원을 받지 못하게 될 것이다.

어떤 학부모는 자녀의 교사에게 매년 선물을 주기로 결정했다. 교사가 정부에서 실시하는 영재교육협의회에 참석할 때 그 학부모는 비용을 지불했다. 그 학부모는 교사가 협의회에서 얻은 유용한 교육 정보가 학급의 모든 학생을 위한 교육, 특히 영재아들에게 도움이 될 것이라고 생각했다(만약 당신이 이러한 결심을 했다면, 우선적으로 대체 교사를 구할 수 있는지를 먼저 확인해야 할 것이다). 학부모 단체 또한 유사한 활동을 할 수 있다.

만약 학교에 영재 수업을 너무 강력히 요구하면 저항에 부딪힐 수도 있다. 다음과 같이 말한다면 더 나은 결과를 가져올 것이다. "선생님께서 학급(학교, 교육청)에서 정말 잘하고 계신 것을 알고 있어요. 학생들의 각기 다른 능력과 교육적 요구를 모두 충족시킨다는 것은 정말 어려운 일이지요. 선생님께서는 최선을 다하고 계시잖아요? 그러나 아무리 훌륭한 선생님(행정가, 교육위원)이라 하더라도 영재아들에게 줄 수 없는 것이 한 가지 있는 것 같아요. 영재아들이 함께 모이고 연락하고 생각을 공유할 수 있는 기회입니다. 그들은 그런 기회가 필요하고 적어도 하루에 몇 시간은 다른 교실에서 혹은 같은 학급에서라도 다른 활동을 할 수 있게 해야 한다고 생각해요."

교사 혹은 아이를 위해 도움을 줄 수 있는 사람들과 만날 때는 대화하는 요령이 중요하다. 다음에서 피해야 할 대화법과 바람직한 대화법의 예를 제시하였다.

이렇게 말하는 대신……	이렇게 말하도록 노력하라!
"왜 이곳에는 영재 프로그램이 없는 거예요? 이 학교는 도대체 뭐가 잘못된 거죠?"	"영재교육 프로그램은 새로운 것이어서 교과과정을 개발하는 데 시간이 필요할 거라는 것을 알고 있습니다. 올해에는 계획이 있습니까? 혹시 제가 도울 일은 없을까요?"
"왜 우리 지역에서는 영재아들을 위해 ……를 해 주지 않는 겁니까?"	"새로운 교육을 하기 위해 애쓰고 계시잖아요. 제가 읽은 것(새로운 관점, 전문가, 영재와 관련된 전국 규모의 학회 등) 중에 알려 드리면 좋을 것 같은 것이 있어서요."
"이 교육과정은 너무 구태의연하고 내 아이에게는 적절하지 못하다는 것을 모르세요?"	"선생님(학교장, 교육장, 의회 의원 등)께서는 우리 지역의 교육과정에 대해 어떻게 생각하세요? 만약 바꿀 수 있다면 어느 부분을 바꿔야 한다고 생각하세요? ……에 대해 생각해 보신 적이 있으세요?"

교육위원회와 협력하기

여러 가지 면에서 학교는 기업과 유사하다. 그러나 학교는 특정 분야에 경험이 거의 없는 지역교육위원회 위원들에 의해 운영되고 있다. 미국의 경우, 교육위원회는 교육과정과 교직원 그리고 각 학교의 기금 운용을 포함하는 전반적인 분야의 최종 결정권을 가지고 있다.

교육위원들은 사회봉사에 헌신할 지역사회 대표로 선출되었다. 그들은 엄청난 시간을 투자하는 것만으로도 이미 존경받을 만하다. 그들은 보수도 없고, 제대로 인정받지도 못하며, 때로는 큰 고통을 당하기도 한다. 물론 그들은 교육에 대한 소신을 가지고 있어서 선출되었다. 그러나 그들도 각자 선호하는 것이 있으며, 교육에 대한 지식수준에도 차이가 있다.

영재 학생들의 교육적 요구를 무시하는 지역 교육청에 불만을 가지고 변화를 위해 함께 일하기로 하고 뭉친 어머니들이 있었다. 그들은 지역 교육청의 교육 방향에 '모든 아이들은 배울 권리가 있다.'고 명시되어 있는 것을 알고 당연히 영재아들도 그 '모두'에 포함된다고 생각했다. 그 모임의 학부모들은 교육위원들이 영재교육에 반대하자 영재교육을 지지하는 지역의 교육위원 후보자를 찾기 위해 위원회를 만들었다. 학부모들이 찾아낸 교육위원 후보자는 이 학부모들의 참여와 지지로 당선되었다. 대부분의 교육위원들이 영재교육을 지지하게 되자 성공적인 영재교육을 위해 필요한 근간이 마련되고 기금이 조성되었다.

교육위원들과 협력할 때는 위원 각자의 배경은 물론 강점과 약점을 아는 것이 도움이 된다. 교육위원들과 커피를 마시면서 이야기를 나누고, 영재교육을 지지하는 연구 결과의 요약이나 기사 등

을 보여 주라. 당신과 비슷한 이상을 가지고 영재아들을 옹호하기 위해 목소리를 내는 위원들을 후원하라.

교육위원회 회의에 참석하면 교육위원들과 그들의 관심사를 아는 데 도움이 된다. 일이 어떻게 돌아가는지 파악하며, 적절한 질문을 하는 법을 익히는 것이 좋다. 당신의 견해에 맞추어 움직여 줄 수 있는 교육위원들을 찾고, 같은 편으로 만들기 위해 최선을 다하라. 동시에 당신의 주장에 반대하는 사람도 알아 두고 그들과도 대화하라. 먼저 그들의 주장을 듣고, 그다음에 그들이 당신의 말을 들어 줄 수 있는지 물어보라. 동의할 부분은 없는지, 혹은 기꺼이 타협할 부분은 없는지 살펴보라. 논쟁은 피하되, 다른 사람들은 그 문제를 어떻게 보고 있는지 이해해야 한다. 적개심만 유발하는 논쟁을 하는 데 시간과 노력을 낭비하지 말아야 한다. 실태조사위원회나 특별전문위원회에 당신의 입장을 지지해 주는 연구 결과나 기사를 제공하도록 하라.

'그들'을 움직이는 방법

대부분의 경우, 지역 교육청에서는 정부의 기금 없이는 적절한 영재 프로그램을 지원할 수 없다. 대부분의 지방정부와 학부모, 학부모 단체와 협회들이 영재교육을 지지하는 활동에 참여하고 있다. 이러한 활동에 참여하고 싶다면 혼자보다는 영재아를 둔 학부모들과 함께하는 것이 더 나을 것이다. 먼저 주변에서 지방정부의 기금을 받는 데 적합한 조건과 사람을 찾는 것부터 시작하라. 지역에 다른 학부모 지원 단체가 있다면 정보를 얻도록 도와줄 수 있을 것이다. 관련 법률과 규정, 조례와 같은 것에 익숙해져야 한다. 이에 근거해서 어떤 것이 가능하고 어떤 것이 가능하지 않은지 알 수 있기 때문이다.

미국의 몇몇 주에서는 주정부의 보조금을 두고 지역 교육청 간에 경합을 시키기도 한다. 또 어떤 주에서는 법률에 규정된 영재 학생이 있는 학교에 보조금이 제공된다. 물론 다른 변수도 있다. 정부에서 예산을 언제, 어떻게 배분하는지, 사용 가능한 기간은 언제인지, 예산편성을 위한 회기는 언제인지 등에 대해 알아보라. 인구가 비슷한 다른 지역구는 상황이 어떠한지도 알아보라.

입법자인 의회 의원들이 주정부의 영재 관련 예산에 의결권을 가진다. 이들은 전화, 편지, 유권자와의 만남 등에 영향을 받는다. 교육위원회 소속 의원들을 만나 보라. 그들이 지역구 사무실에 왔을 때 면담을 요청할 수도 있다. 보좌관을 만나게 되더라도 실망할 필요는 없다. 그들은 법률안 개발과 지원에 중심적인 역할을 수행한다.

의원이나 보좌관을 만나게 되면 자신을 소개하고 함께 간 다른 사람들도 소개하라. 방문하게 된 목적과 자신의 의견을 10분 이내로 간략하게 설명하고, 주장하려는 바를 간략하고 명료하게 문서로 요약하여 전달하는 것이 좋다. 의견을 전달할 기회를 준 것에 대해 감사의 마음을 전하라. 논의한 것을 돌아보는 내용과 감사의 마음을 전하는 내용의 편지를 보내 만남을 유지하기 위한 후속 조치를 취하라. 그 의원이 요청한 것에는 반드시 응하도록 하고 연락을 유지하라. 교육과 관련된 안건이 있으면 우편물을 보내 줄 것을 요청하라.

다수는 힘을 가진다. 의원은 선출직이므로 그들은 안건을 의결할 때 자신의 지역 선거구 주민의 의견에 기초하여 투표한다. 당신과 의견을 같이하는 사람들도 반드시 의회 의원들과 만나도록 권고해야 한다. 일반 대중의 움직임이 보이면 실질적으로 법안이 통과될 기회가 더 많아진다. 학생들 또한 그 과정에 참여시켜야 한다. 학생들은 영재 프로그램의 이점을 설명하는 편지를 쓸 수도 있다. 영재 관련 기관과 지원을 얻어 낼 수 있는 지역 내 영향력 있는 인사와 접촉하라. 그들이 의원들과 서로 관계를 맺고 있을지도 모른다. 지역의 영재교육 프로그램이나 영재교육학회에 의원을 초대하고, 여러 사람들에게 이러한 정보를 전달하기 위해 지역 미디어 매체를 활용하라. 영재교육에 관한 정보를 공유하기 위한 모든 기회를 활용하라.

효율적으로 지원 활동을 하기 위해 입법과정이 어떻게 이루어지는지 아는 것이 중요하다. 의원이 법률안을 작성하고 발의하는 사람이지만, 학부모가 영재교육의 필요성에 대해 의원들에게 알려주어야 한다. 이러한 행동이 영재교육의 필요성을 알리고, 법안을 발의하도록 하며, 법안의 통과 가능성을 높인다.

메시지 전달하기

어떤 조치를 취할 수 있는 사람에게 당신의 메시지를 전달하기 위해서는 어떻게 해야 할까? 지역 국회의원들에게 전화하거나 편지를 쓰는 것이 가장 좋은 방법이다.

특히 입법과정의 주요 시점에 있을 때는 영재교육에 대해 진지하게 고려해 보도록 편지를 쓰고 전화를 하는 것이 도움이 될 수 있다. 여성 투표자 연합과 같은 단체에서 지역 국회의원들의 이름과 연락처뿐 아니라 입법 시기 등에 관한 정보를 제공받을 수 있다.

지역 의원들과 통화할 때는 "나는 ○○○를 위해 당신에게 투표하겠다." 또는 "□□□를 지지한다."와 같이 메시지를 간략하게 전하는 것이 가장 효과적이다. 문서화된 편지는 왜 그것을 지지하는지 설명할 수 있는 가장 효율적인 수단이다. 이메일을 보내는 것이 더 쉬울 수 있지만, 스팸메일이 쏟아지고 있는 오늘날 국회의원은 엄청난 양의 이메일을 받아 보기 때문에 종이에 쓰인 편지가 더 빨리 전달될 수 있으며, 좀 더 정중하게 보일 수 있다.

다음은 편지를 쓸 때 알아 두면 좋은 지침 내용이다.

- 가능하면 개인이나 사업체의 인쇄 문구가 들어간 공식적인 편지지를 사용하라.
- 특정한 법률의 제정에 관한 내용을 쓸 때는 법률안의 고유번호를 명시하라.
- 편지를 쓰는 이유를 명확하게 밝히고, 단체를 대표할 때는 단체에 대한 정보도 쓰도록 하라. 개인적인 사유를 쓰게 되면 그들이 법률안에 대해 주장할 때 그 내용을 활용할 수 있다.
- 건설적인 태도를 견지하라. 반대되는 입장을 취한다면 대안을 제시하라.
- 답장을 보내 줄 때 의원 자신의 입장에 대해 이야기해 달라고 요청한다.
- 의원의 지지에 감사하라. 최대한 감사를 표하라.

의회 사무실에는 많은 전화가 걸려 오기 때문에 접수 담당자가 있다. 그래서 이 부분을 담당하는 보좌관과 통화할 수도 있다. 전화 통화를 할 때는 다음 사항에 유의해야 한다.

- 자신의 견해를 간결하고 명확하게 밝혀라. 시간은 소중하다.
- 조치를 취해 줄 것을 요구하라.
- 이름과 주소, 전화번호를 남겨라.

국회의원에게 보내는 편지 양식

존경하는 ○○대표님/의원님께

편지에는 다음과 같은 내용이 포함되어야 한다.

• 해당 지역구의 유권자라는 것
• 지역의 영재교육에 관심이 많다는 것

자녀가 참여하고 있는 영재 프로그램을 자세히 설명한다. 또 의원에게 바라는 것을 말한다.

"의원님께서 ○○ 법안에 찬성(또는 반대)해 주시기 바랍니다." "저는 의원님께서 ○○ 법안의 공동 발의에 참여하셔서 영재아의 교육적 요구를 지지해 주기를 바랍니다."

예산 자금의 금액까지 포함하여 당신이 원하는 조치에 대해 구체적으로 밝혀라. 마지막으로, 이 쟁점에 대해 의원 자신의 의견은 어떠한지, 투표는 어떻게 할지 답신해 줄 것을 요청하라.

국회의원에게 보내는 편지의 예

(존경하는) 상원의원님

저는 ○○지역구의 영재교육에 많은 관심을 가지고 있습니다. 유권자의 한 사람으로서, 작년 의회 3065법률안에 찬성해 주신 의원님께 깊이 감사 드립니다. 우리 지역의 마이트 초등학교에서는 우수 영재 프로그램을 실시하고 있어서 저의 아들 존은 그 프로그램을 아주 잘 이용하고 있습니다. 이 프로그램 덕분에 저의 아이는 뛰어난 수학 능력을 발휘하게 되었습니다. 정규 학교 수업에서는 아이가 능력을 발휘할 수 없었는데, 영재교육 프로그램을 접하면서 아이의 수학적 능력에 맞춘 수업을 받게 되어 수학자처럼 사고하는 법을 배우게 되었습니다. 보다 높은 수준의 학습에 대한 아이의 욕구가 충족되고, 수학을 더욱 좋아하게 되었습니다.

제가 편지를 드리게 된 것은 영재교육을 위한 예산이 포함된(22~29번째 줄) 법안 494에 대해 말씀 드리고자 하는 것이 있어서입니다. 마이트 초등학교의 많은 학부모들은 지역 학교에 정부의 지원금이 없으면 영재 프로그램과 우리 아이들의 교육이 위축될 것으로 생각하고 있으며 이를 걱정하고 있습니다. 영재 학생 한 명당 100달러로 예산이 증액된다면 이 학생들의 학습적 요구를 성공적으로 충족시키는 데 있어 큰 도움이 될 것입니다. 법안 24번째 줄에 있는 것처럼 786만 달러로 증액된다면 우리 지역의 영재교육 프로그램에 필수적인 자료와 교재를 구비하는 데 아주 많은 도움이 될 것입니다.
영재교육을 위한 예산안에 대한 의원님의 견해는 어떠하신지, 그리고 494법안에 어떻게 투표할 것인지 알려 주시면 감사하겠습니다. 답장을 기다리겠습니다.

그럼 안녕히 계십시오.

○○○ 드림

전화 예시

안녕하세요, 저는 ○○입니다. 저는 ○○지역구에 살고 있으며, 제 아이는 이 지역의 ○○학교에 다니고 있습니다. 저는 영재교육 법안에 관심을 가지고 있으며, 그 법안에 대한 의원님의 의견은 어떠한지 알고 싶습니다. 영재 학생들을 위한 예산안이 ○○원으로 증액되어야 한다고 생각합니다. 이렇게 되면 우리 지역의 영재교육 프로그램에 필수적인 자료와 교재를 확충하는 데 큰 도움이 될 것입니다.

의원님께서는 그 법안에 어떻게 투표할 것인지 편지로 알려 주신다면 매우 감사하겠습니다.

제 이름은 ○○이며, 주소는 ○○입니다. 이 법안에 대한 표결이 있기 전에 알려 주시면 감사하겠습니다.

이메일

이메일을 쓰는 것은 메시지를 전달하는 데 있어 가장 효율성이 떨어지는 방법이다. 의회 사무국에는 너무나 많은 이메일이 오기 때문에 직원들이 각각의 메시지를 읽고 응답할 시간이 없을 수도 있다. 이메일은 개인이나 사업체의 주소가 인쇄된 공식적인 편지지를 사용하지 않기 때문에 전국 규모의 영재교육 단체에서 온 메일과 쉽게 구별되지 않는다. 이메일보다 편지를 쓰는 것이 훨씬 더 비중 있게 전달될 수 있다. 이메일은 의원 사무실의 직원과 대화를 주고받을 때는 효율적이지만 의원들과 소통하기에는 효율성이 떨어지는 방법이다.

마지막으로……

호기심 많고, 창의적이며, 열정적이고, 재능 있는 영재아를 키우는 것은 쉬운 일이 아니다. 그러나 당신이 항상 자녀에게 적합한 우수한 교육방법을 찾으려고 노력한다면, 그리고 그 과정에서 실패하고 좌절하는 동안에도 여유를 가지고 유머감각을 잃지 않으려고 노력한다면, 아이를 키우는 힘든 시기를 잘 이겨 낼 수 있을 것이다. 그리고 훌륭하게 자란 자녀가 당신에게 가장 큰 보상이 될 것이다. 그럼 행운을 빌며…….

보충 정보를 위한 참고문헌

Advancing Gifted and Talented Education in Congress: An Advocacy Guide for Parents and Teachers 2000 (Washington, DC: National Association for Gifted Children, 2000). A concise and powerful course in federal advocacy that makes advocacy fun.

Advocacy in Action: An Advocacy Handbook for Gifted and Talented Education by the California Association for the Gifted (Whittier, CA: California Association for the Gifted, 1998). Practical planning and how to speak up for your child.

Parent Education: Parents as Partners by Dorothy Knopper (Boulder, CO: Open Space Communications, 1997). Clearly written, easy-to-understand ways for parents to collaborate with schools.

어떤 질문에는 답을 찾을 수 없다.
그러나 그 사실을 배우고 아는 것은 너무 어렵다.

캐서린 그레이엄(Katherine Graham)

학부모들이 자주 하는 질문

✽ 내 아이가 미성취 영재라면 어떻게 해야 하나요?

아이의 지능이 얼마든지 간에 자녀의 현재 성취 정도가 부모의 기대에 못 미치는 경우에 부모들은 자녀들을 '미성취아(underachiever)'라고 생각하기 쉽습니다. 사실 이것은 견해 차이의 문제입니다. 즉, 부모의 주관적인 견해라고 볼 수 있습니다.

한 가지 생각해 보아야 할 점은 아이가 할 수 있는 것 이상으로 부모가 압력을 가하고 있는 것은 아닌가 하는 점입니다. 만약 아이가 아무리 노력해도 부모가 바라는 목표에 다다를 수 없다고 생각된다면 아이는 아예 노력하는 것조차도 포기해 버릴지도 모릅니다. 그렇게 되면 또 한 명의 미성취아가 생겨나게 될지도 모르겠군요.

어떤 영재아들은 정신적으로 자신의 영재성을 무시해 버림으로써 내면의 갈등을 해결합니다. 예를 들면, 어떤 영재아는 인기 있는 아이가 되고 싶어서 자신의 영재성을 감춥니다. 또래 아이들이 항상 좋은 성적을 받고 정답만을 말하는 아이를 좋아하지 않는 것이 명백하게 드러날 때 이러한 현상이 나타날 수 있습니다.

어떤 아이들은, 특히 10대 아이들은 학업에서의 미성취를 부모에게 반항하는 좋은 방법(소극적인 방법)으로 생각합니다. 한 남자아이는 "아버지는 제가 태어날 때부터 일류대학에 들어가서 아버지와 같은 과정을 밟고 변호사가 되기를 원하셨어요. 그러나 저는 그렇게 하고 싶지 않아요. 부모님이 밀어붙이는 데 지쳤어요."라고 말합니다. 이런 가족들에게는 상담을 통해 가족들 간의 뿌리 깊은 문제에 직면하도록 하는 것이 도움이 됩니다.

저는 아주 어린 시절부터 미성취 현상이 시작되어 영재성을 판별받을 기회조차 없었던 한 10대 소녀를 알고 있습니다. 이 학생은 누군가가 그녀의 영재성을 알아차리려고 한다고 느낄 때마다 영재성을 숨겨 버렸습니다. 그러나 그녀에게 영재성이 있다는 것에는 의심의 여지가 없었습니다. 이 학생은 고등학교 3년 동안 빈둥거렸지만 여름 학기 몇 주 동안의 고급수학 수업에서 최고의 성적을 받았습니다. 그러나 그녀의 주된 관심사는 인기 있는 학생이 되는 것이었고, 영재아가 된다면 인기와는 거리가 멀어진다는 것을 알고 있었습니다. 완강하게 버티기로 마음먹고 있었기 때문에 이 학생에게는 상담도 도움이 되지 못했습니다. 그녀는 할 수 있는 일이 아무것도 없었습니다. 결국 스스로 선택해야 하는 것입니다.

특별히 창의적인 미성취 자녀를 위해 부모가 해 줄 수 있는 한 가지 일이 있다면, 아이가 계획하고 정리하는 기술을 익힐 수 있도록 도와주는 것입니다. 창의적인 것과 계획하고 조직하는 것 사이의 균형을 유지할 수 있도록 도와주어야 합니다. 창의성이 매우 뛰어난 아이들 가운데는 정리하는 일이나 어떤 일에 끝까지 매달리는 것은 자신의 창의성을 앗아 가는 일이라고 생각하는 것 같습니다. 부모가 창의적인 일을 끝까지 해내는 모습을 보여 줌으로써 그렇지 않다는 것을 보여 줄 수 있습니다.

✻ 아이가 집에서 할 수 있는 활동 중에 가장 좋은 것에는 어떤 것이 있나요?

앞에서 살펴보았던 좋은 영재 프로그램을 자녀와 함께 매일 활동해 볼 수 있습니다. 예를 들면, 아이의 고차원적인 사고력을 향상시키기 위해 두 개의 이야기나 두 가지 다른 버전으로 된 하나의 이야기를 비교하고 대조해 보게 할 수 있습니다. 이야기의 끝부분을 남겨 놓고 들려준 뒤에 나머지 부분을 아이가 완성하게 해 볼 수 있습니다. 어느 쪽 이야기가 더 나은지 결정해야 하는 과정에서 평가하는 법을 연습할 수 있습니다.

텔레비전을 시청할 때도 수동적으로 보기만 하는 것 대신에 고차원적인 사고력을 발휘하도록 격려한다면 교육적인 과정이 될 수 있습니다. 예를 들면, 두 가지 다른 프로그램을 비교하고 대조하며, 프로그램의 엔딩을 여러 가지로 만들어 보거나 특정 프로그램, 시리즈, 공연의 가치를 평가해 보도록 할 수 있습니다.

아이들에게 자신의 물건을 다양한 방법으로 분류해 보도록 하는 것도 좋습니다. 가정에서 사용하는 물건들을 다른 용도로 쓸 수 있는 방법을 생각해 보게 하거나 오래된 문제들을 해결하기 위한 새로운 발명(예: 더 효과적인 쥐덫)을 할 수 있도록 격려해 보십시오.

어린아이라 하더라도 빨간 스웨터를 입을 것인지 파란 스웨터를 입을 것인지와 같은 작은 일에서부터 스스로 선택할 수 있도록 해 주어야 합니다. 그리고 왜 그것을 선택했는지도 반드시 물어보아야 합니다. 이유를 말하게 함으로써 아이가 다른 사람을 이해시키는 경험을 하게 하고, 스스로 생각해 보는 기회를 가질 수 있습니다.

부모의 취미와 관심사를 아이와 함께 공유하는 것도 좋습니다. 책을 읽고, 여행을 하고, 사람들을 만나면서 세상의 다양한 모습에 대한 경이로움을 함께 느껴 보십시오. 아이가 흥미로워하는 대상에 대한 유래, 바위, 벌레, 식물 등을 탐구하고 토론해 보십시오.

요리와 같은 활동은 집에서 학습할 수 있는 아주 좋은 기회입니다. 조리법에 대해 읽고 이야기를 나누고, 조리법을 따라 요리하고, 재료를 살펴보고, 각각의 재료가 왜 중요한지, 만약 한 가지 재료가 없다면 어떤 재료로 대치할 수 있는지, 그렇게 되면 조리법은 어떻게 달라져야 하는지 등등이 요리하는 과정에 포함될 수 있습니다. 아이와 함께 만든 창작 요리의 맛을 보고 난 후에 다음과 같은 질문을 던질 수도 있습니다. "넌 이게 좋은 요리법이라고 생각하니? 왜? 어떻게 하면 더 좋은 맛을 낼 수 있을까? 네가 가장 좋아하는 음식은 뭐니? 왜?"

✻ 저의 딸은 항상 학교가 지겹다고 말합니다. 학교 수업이 아이에게 맞지 않아서 그런 것인지, 아니면 우리 아이가 게을러서 그런 것인지 어떻게 알 수 있을까요?

많은 아이들이 학교 일과가 지루하다고 말합니다. 학교 공부가 정말 지겹고 너무 쉬워서 흥미를 잃은 것일 수도 있고, 아니면 아이가 숙제를 하지 않으려고 하거나 최선을 다하지 않으려고 변명하는 것일 수도 있습니다.

우선 아이의 선생님과 이야기해 보는 것이 좋습니다. 학교 공부가 정말로 쉬운 것인지, 반복적인 것인지, 일반적으로 흥미가 없는 것인지 알아보십시오. 아이가 게으른 것이 문제가 아니라 지루함에 대처할 수 있는 방법을 배워야 할 필요가 있을지도 모릅니다.

한 유치원생이 항상 "지루해요"라고 제게 말하곤 했습니다. 저는 그 아이에게 "유치원에는 놀거리가 정말 많지 않니? 왜 지루하다는 거니? 지루하다는 게 뭐야?"라고 물었더니 아이가 이렇게 응답했습니다. "내가 하고 싶은 것보다는 다른 사람들이 원하는 것을 내가 해야 한다는 뜻이에요." 다른 말로 하자면, 아이는 자신에게 주어진 일을 하지 않으려고 했던 것입니다.

삶이 항상 재미있는 것만은 아니라는 것을 아이에게 설명할 필요가 있습니다. 모든 사람들은 가끔 지루해하고, 하고 싶지 않아도 해야만 하는 일들이 있습니다.

만약 아이가 꼼짝없이 기다려야 할 경우에 지루하다고 불평한다면, 마인드 게임이나 끝말잇기와 같이 마음속으로 할 수 있는 놀이를 하면서 시간을 보내도록 가르칠 수 있습니다.

✲ 하루 종일 책만 읽는 우리 아이, 어떻게 해야 할까요?

아이가 원하는 만큼 책을 읽도록 해 주는 것이 좋습니다. 그러나 더불어 산책이나 게임하는 것, 다른 사람과 노는 것과 같은 즐거움을 알 수 있도록 해 주어야 합니다. 만약 부모가 아이가 책만 읽는 것에 대해 과민반응을 보이거나 지나치게 우려한다면 오히려 그런 행동이 증가할 수도 있습니다. 건강하고 원만한 생활을 위해 신체적인 활동과 정신적인 활동이 균형을 유지하도록 하는 것이 중요합니다.

✲ 우리 아이는 컴퓨터 이외에는 아무것도 하려 하지 않습니다. 어떻게 해야 할까요?

아이가 좋아하는 주제를 다룬 책과 잡지를 가져다 주세요. 아이와 함께 산책하고, 아이의 관심사에 대해 이야기를 나누어 보세요. 함께 신체 활동에 대한 계획을 세우고 이를 즐기는 것도 좋습니다. 어떤 것이든 지나친 것은 좋지 않습니다. 아이가 컴퓨터로 무엇을 하는지 살피고, 누구와 대화하는지 확인해야 합니다. 컴퓨터는 어떻게 사용하느냐에 따라 훌륭한 것이 될 수도 있지만 무서운 것이 될 수도 있습니다.

✻ 우리 아이는 확실히 저보다 똑똑한 것 같아요. 특별히 알아야 할 것이나 해야 할 일이 있을까요?

자녀가 부모보다 IQ가 높다 하더라도 부모가 더 많은 연륜과 지혜를 가지고 있습니다. 그러므로 가정에서는 부모가 주도적인 역할을 해야 합니다.

아이의 IQ가 엄청나게 높다 하더라도 그것에 위축될 필요는 없습니다. 만약 자녀가 핵물리학에 관심이 있다면 아이가 배우는 것을 절대 따라갈 수 없을 것입니다. 그러나 눈치, 예의, 사회적 관계에서 필요한 태도 같은 것은 부모가 반드시 가르쳐 줘야 할 부분입니다. 노래나 우표 수집과 같은 부모의 취미나 좋아하는 것이 있다면 아이와 함께할 수 있을 것입니다. 자신의 능력을 과소평가하는 것은 좋지 않습니다. 부모는 언제나 아이에게 가르칠 수 있는 것이 있습니다.

✻ 저희 아이들 중 한 명은 영재이고, 다른 한 명은 그렇지 않아요. 어떻게 하죠?

우리 아이들 중 두 명이 유치원에 다닐 때 영재판별검사를 받았습니다. 한 명은 영재 프로그램에 참여할 수 있었지만, 다른 한 명은 아니었습니다. 저는 한 명의 아이에게만 '영재' 라는 꼬리표를 붙이고 싶지 않았기 때문에 영재로 판별된 아이를 영재 프로그램에 참여시키지 않았습니다. 대신 저는 둘 다 예술 대안학교인 마그넷스쿨에 보냈습니다. 이런 결정으로, 아이들은 창의적인 소질을 계발시킬 수 있었고, '한 명은 영재지만, 다른 한 명은 아닌' 것에 대한 문제를 피할 수 있었습니다.

얼마 전에 열한 살 된 일란성쌍둥이가 뉴욕 시의 영재 중학교에 지원했는데, 한 아이만 입학이 허가되었습니다. 두 아이의 성적은 같았지만 한 아이가 연극에 소질이 더 많다는 것이었습니다. 아이들의 부모는 그 결정에 맞서 싸우기로 했습니다. 일간지 헤드라인에는 "뉴욕 시의 쌍둥이가 배운 것은 인생은 공평하지 않다는 것"이라는 제목의 기사가 실렸습니다. 부모가 IQ 점수와는 상관없이 아이들 각자의 독특함을 인식하게 되면 자녀들이 인생을 좀 더 '공평'하게 느낄 수 있게 됩니다. 아이들 개개인의 특별함을 강조해 주십시오. 영재아인 자녀는 이미 그 아이의 영재성 때문에 특별한 관심과 더불어 아마 특별한 수업을 받고 있을 것입니다. 다른 형제자매가 갖고 있는 특별한 어떤 것을 찾거나 관심을 가지도록 해야 하며, 그 아이에게 맞는 수업을 찾아 참여시켜야 합니다.

한 가지 주의해야 할 점은 만약 자녀 중 한 명은 영재이고, 다른 한 명은 발달이 늦은 아이라면, 그리고 부모가 발달이 느린 아이가 영재인 아이를 따라잡을 수 있도록 그 아이에게 항상 관심을 기울이고 있다면, 영재 자녀는 부모의 관심을 끌기 위해 자신의 영재성을 발휘하지 않을 수도 있다는 것입니다. 영재 자녀 역시 소외감을 느끼지 않도록 관심을 기울여야 합니다.

✽ 학교에서 실시하는 영재판별검사를 언제 받을 수 있을까요?

취학 전에 검사를 실시하는 지역도 있습니다. 유치원에서 고등학교까지 모두 영재교육을 실시하는 주는 거의 없습니다. 주정부에서 요구하는 것이 무엇인지, 자신이 거주하고 있는 지역에서 가능한 것은 무엇인지 체크해 보아야 합니다. 만약 자녀가 취학 전에 영재아인 것으로 추측되는데, 아이의 선생님은 아이에게서 특별한 무엇인가를 알아차리지 못한 것 같다면 부모 자신이 아이에 대해 관찰한 것과 그 느낌을 담임교사에게 이야기해 보세요.

✽ 정답보다는 '과정'이 중요한 이유를 아이에게 어떻게 납득시킬 수 있을까요? 우리 아이는 머릿속에서 답을 바로 알아 버리기 때문에 수학 문제지에는 그냥 정답만을 적는다고 합니다. 선생님이 요구하는데도 풀이 과정을 보여 주지 않으려고 합니다. 그런데 이러한 태도가 아이의 성적에 영향을 미칩니다.

정답을 찾아내는 것 못지않게 그 답을 찾게 된 과정을 아는 것도 중요하다는 것을 아이에게 설명해 주는 것이 좋습니다. 답을 찾기 위한 필수적인 단계를 알게 되면 아이는 한층 난이도 높은 수학 과정도 더 잘 해낼 수 있습니다.

어떤 경우에는 아이들이 답은 맞혔는데 계산하는 과정에서 실수를 해서 점수를 낮게 받는 경우도 있습니다. 아이들이 볼 때는 부당하게 보일 수도 있으나 풀이 과정을 보면 교사는 아이가 어떤 실수를 했는지 알 수 있기 때문에 중요합니다. 만약 계속 덧셈이나 곱셈을 틀린다면 결국에는 머릿속으로 풀기에 너무 어려운 문제를 접하게 되면 정답을 찾아내지 못하게 됩니다.

✽ 저희 딸이 사춘기에 접어들면서 자신에게 있었던 일을 부모인 저에게는 말하려 하지 않아요. 사춘기 이전에는 그렇지 않았는데 어떻게 하면 다시 가까워질 수 있을까요?

이런 일은 너무나 자연스러운 현상입니다. 이 모든 것은 아이가 부모에게서 독립하기 위해 필요한 과정이며 그렇게 해서 완전히 독립된 성인으로 자라게 될 것입니다.

호르몬의 변화가 나타나기 시작하는 사춘기 무렵에 아이들은 자신의 삶에서 무척 재미있는 일들을 부모보다는 또래에게 이야기하는 것이 훨씬 더 재미있고 안전하다고 생각합니다. 심리학자들은 부모들이 좀 더 침착해질 필요가 있다고 조언합니다. 만약 아이가 흥미 있어 한다면 부모의 관심거리를 함께 나눌 수도 있지만, 아이에게서 뭔가를 알아내려고 압박한다면 부모가 원하는 것과 반대되는 현상이 일어날 수도 있습니다. 아이가 사생활을 가지고자 하는 욕구를 부모는 존중해 주어야 합니다.

자녀가 자신의 이야기를 한두 마디씩 부모에게 털어놓을 때 비난하지 않도록 특별히 주의해야 합니다. 아이가 이야기를 조금씩 시작할 때 더 자세히 알기 위해 캐묻지 말고 그냥 아이의 편이 되어서 편안하게 들어 주십시오. 많은 10대들은 자신들이 정말 무엇인가를 말하고자 할 때 부모들이 들어 주지 않으며, 그래서 부모에게는 더 이상 말하지 않는다고 합니다. 부모들이 인내심을 가지는 것이 중요합니다. 만약 모든 것을 부모에게 말하던 아이였다면 폭풍 같은 사춘기가 지나가면 다시 부모와 대화하게 될 것입니다.

✻ 저희 아이는 영재아입니다. 어떤 교육기관(공립학교, 사립학교, 홈스쿨링 등)이 가장 좋을까요?

자녀의 학업적 욕구, 가족의 가치, 부모의 경제적 상황, 아이를 위해 헌신하고자 하는 의지, 공립이든 사립이든 자신이 살고 있는 지역에 좋은 학교가 있는지, 자녀를 교육하는 데 부모가 어느 정도 능력이 있고, 얼마나 편하게 느끼는지에 따라 다릅니다. 그리고 아이를 보내려고 생각하고 있는 학교에 영재 프로그램이 있는지, 또 얼마나 잘 운영되고 있는지에 따라 다릅니다.

이런 것들을 먼저 조사해 볼 필요가 있습니다. 아이를 위해 좋다고 생각되는 학교를 방문하여 많은 것을 물어보십시오. 주변에 아는 모든 사람들에게 그들의 자녀가 다니는 학교에 대해 물어보고 정보를 공유하되, 자신이 직접 확인하지 않은 상태에서 모든 것을 그대로 받아들이지 말아야 합니다.

만약 지역에 있는 공립학교에 책임감 있는 교장 선생님이 있고, 영재 프로그램이 잘 운영되고 있으며, 학생들을 잘 돌봐 주는 교사가 있다면, 그 학교에 보내는 것이 아이에게 도움이 될 것입니다. 그러나 만약 학교에 방문했을 때 이런 부분에서 좋은 인상을 받지 못했다면 사립학교에 보내는 것이 더 나을지도 모릅니다. 물론 사립학교의 경우에도 책임감 있는 교장과 교감 선생님이 있어야 하고, 영재아들이 독립적으로 학습할 수 있는 창의적인 프로그램을 운영하고 있고, 영재아를 이해하고 돌볼 수 있는 교사가 있어야 합니다.

자녀를 위해서 홈스쿨링을 선택하는 부모들도 늘어나고 있습니다. 홈스쿨링은 엄청난 시간과 자원을 필요로 하지만 자녀의 학습 양식과 능력에 맞추어 가르칠 수 있는 장점이 있습니다. 또한 자녀만을 위한 특별한 맞춤형 교육과정을 만들 수 있습니다. 다른 학생들이 따라올 때까지 기다릴 필요 없이 더 많은 것을 빨리 배울 수 있습니다. 홈스쿨링에 대한 자세한 내용은 '제5장'을 참조하십시오.

✻ 아이에게 방과 후 활동을 너무 많이 시키는 것은 아닐까요?

아이에 따라 필요한 방과 후 활동은 다릅니다. 한 초등학교 4학년 학생이 지금 하고 있는 과외 활동도 너무 많기 때문에 앞으로는 절대 하나라도 더 하고 싶은 마음이 없다고 말한 적이 있습니다. "그래서 네가 모든 것을 다 잘하잖아."라고 말했더니 아이는 "바로 그게 문제예요. 월요일 밤에는 하키, 화요일 밤에는 수영, 수요일 밤에는 교회, 목요일 밤에는 체스. 나를 위한 시간은 전혀 없어요."라고 말했습니다.

아침부터 저녁까지 모든 일정을 부모가 잡아 주면 스스로 주도적으로 시간을 활용하는 방법을 배울 수 없습니다. 아이들은 한두 시간 정도의 자유시간을 스스로 보내는 방법을 배울 필요가 있습니다.

제 아이가 어렸을 때는 한 학기에 한 가지 과외 활동을 선택하여 할 수 있도록 하였습니다. 부모가 이 활동에서 저 활동으로 아이를 데려다 주어야 하기 때문에 저 자신의 한계 또한 인식할 필요가 있었습니다. 자녀가 영재이기 때문에 "네가 모든 활동에 관심이 있다는 것을 알아. 하지만 내 에너지와 시간은 정해져 있단다."라고 말하면 안 될 것 같지만, 사실은 그렇지 않습니다. 열정적인 아이들은 부모를 지치게 만듭니다. 게다가 만약 자녀가 여러 명이라면 아이마다 각자 다르고, 하고 싶어 하는 것도 다를 것입니다.

✽ 우리 아이는 사람들이 불쾌해할 정도로 제멋대로 합니다. 어떻게 해야 할까요?

너무 아는 체하고, 다른 사람의 말은 들으려 하지 않으며, 뭐든지 자기 방식대로 하려는 아이, 말 그대로 '불쾌한' 아이라면 부모가 어떤 조치를 취해야 합니다. 사람들은 이런 아이의 주변에 있고 싶어 하지 않을 것입니다. 아이는 자신의 행동이 주변에 어떤 영향을 미치는지 배워야 합니다. 그리고 자신의 필요뿐 아니라 다른 사람의 요구에 좀 더 민감해져야 할 필요가 있습니다.

이러한 아이들은 다른 사람의 말을 잘 들으려 하지 않기 때문에 아이의 행동이 어떤지 스스로 볼 수 있도록 해 주는 것이 가장 효과적일 수 있습니다. 아이가 불쾌하고 무례한 행동을 하면 다른 사람들이 어떻게 받아들일지 아이에게 직접 보여 주거나 설명해 줄 수 있습니다. “네 행동이 어떤지 내가 보여 줄게. 보고 나서 어떤 느낌이 드는지 말해 주겠니?” 한 가지 예를 보여 주고 이야기를 나누어 보면 좋습니다.

어쩌면 부모가 느끼는 불쾌함은 부모와 아이 사이에서 벌어지고 있는 힘겨루기의 결과일지도 모릅니다. 만약 그렇다면, 공정하고 일관성 있는 규칙을 만드는 것이 도움이 될 것입니다. 규칙을 만들 때는 어떤 일이 있어도 반드시 따라야 한다는 원칙을 가져야 합니다. 이러한 규칙들은 아이에게 가정에는 자신보다 나이 많고 더 현명한 책임자가 있다는 것을 알게 해 주고, 이것이 오히려 자녀를 안심시키고, 행동의 한계를 알게 합니다.

일반적으로 실행 가능한 규칙이 되려면 다음과 같은 내용을 참고해야 합니다.

- 복잡하지 않고 명확해야 한다. 세부적인 사항에도 서로 동의해야 한다. 예를 들면, 아침식사 전에 학교에 갈 준비를 해야 한다고 정했다면 ‘준비’가 무엇을 의미하는지도 정해야 한다.
- 현실적이 돼라. 지킬 수 있는 규칙인가? 아이가 정말로 따를 수 있는 규칙인가? 부모 스스로 규칙을 어기는가? 부모가 규칙이 지켜지고 있는지 확인할 수 있는 상태인가?
- 아이와 언제든지 대화할 수 있도록 하라. 왜 규칙이 필요하고, 규칙을 따르게 되면 자신에게 어떤 도움이 되는지 알 필요가 있다.

- 규칙을 지키지 않으면 어떻게 되는지 정한다. 그 규칙을 깨면 어떻게 되는지 정하고, 아이가 그것을 알고 있어야 한다.

✻ 영재아인 자녀를 돌보느라 저의 존재는 없는 것 같아요. 어떻게 해야 할까요?

대부분의 영재아들은 가끔 불안감을 느낍니다. 영재아의 부모들도 마찬가지로 불안을 느낍니다. 마치 좌초되어 홀로 망망대해 위에 떠 있는 듯 느껴질 때도 있을 것입니다. 이렇게 느낀다면 영재아 자녀를 둔 다른 부모들의 도움이 절실한 때입니다. 주변 가족들은 영재아를 키우면서 겪게 되는 당신의 어려움을 이해하지 못하기 때문에 크게 의지할 상대가 되지 못할 수도 있습니다.

이럴 때 자녀의 영재아 친구들의 부모에게서 도움을 받을 수도 있습니다. 다음은 많은 부모들이 저에게 자주 하는 말입니다. "도서관에 있는 모든 책을 읽는 자녀를 둔 다른 부모가 있다는 것을 알게 되었어요. 그리고 그들도 나와 마찬가지로 어떻게 해야 할지 모른다는 것을 알고 나니 위로가 되네요."

다른 부모들에게서 가스난로를 실험하거나, 시계가 작동하는 원리를 알기 위해 분해하고, 욕실 세면대에서 잠자도록 고양이를 훈련시키는 아이들의 이야기를 전해 듣는 것도 도움이 됩니다. 대부분의 경우, 혼자가 아니라는 사실을 깨닫는 것만으로도 도움이 됩니다.

다른 전문직업에 종사하는 사람들처럼 부모들도 극도의 피로감을 느낍니다. 그러나 일반적으로 이런 사실을 인정하지 않습니다. 부모의 사회적 · 정서적 욕구도 중요하며 무시해서는 안 됩니다. 부모 자신의 정신건강을 지키기 위해 다음의 몇 가지 사항들을 따르는 것이 좋습니다.

- 자신만의 삶을 가지는 것이 중요하다. 취미와 흥밋거리를 개발하고 자신의 일에 자부심을 가져라.
- 아이에게 과도하게 투자하지 않도록 주의하라. 아이만을 위해서 사는 것은 아이와 부모 모두에게 좋지 않다.
- 자신만을 위한 창의적인 시간을 가져라. 자신의 생각과 감정을 표현하는 방법을 찾고, 즐길 수 있는 것, 새로 태어난 것같이 느껴질 수 있는 어떤 일을 찾으라.
- 스트레스를 주는 생각보다는 긴장을 해소해 주는 생각을 하도록 노력하라. 긍정적인 생각을 하도록 하라. 주변에서 일어나는 좋은 일들과 좋은 사람들에 대해 항상 감사하라.
- 친구들과 시간을 보내라. 당연한 말같이 들리지만 영재아 자녀에게 많은 시간을 할애하다 보면 어떤 학부모들은 자신의 친구들과 함께 보낼 시간이 허락되지 않는다. 부모 자신을 격려해 주고 힘을 줄 친구를 만날 시간을 내야 한다.

✲ 지금 아이를 위해 제가 하고 있는 모든 것이 과연 제대로 잘하고 있는 걸까요?

이것은 정말 중요한 질문입니다. 그렇지만 절반의 답밖에 할 수 없을 것 같습니다. 왜냐하면, 오직 부모 자신만이 확실한 답을 알고 있을 것이기 때문입니다.

한 가지 말할 수 있는 것은 만약 이 책을 다 읽었다면 모든 것을 잘하려고 노력하는 부모라는 것입니다. 완벽해야 한다는 생각을 버리고 스스로를 칭찬하고 격려하십시오.

참고문헌

1장

Council of State Directors of Programs for the Gifted (1999). *The 1998-1999 State of the States Gifted and talented Education Report,* Washington, DC: National Association for Gifted children.

_____(2001). *State of the States Gifted and talented Education Report, 1999-2000.* Washington, DC National Association for Gifted Children.

Cox, June, Neil Daniel, and Bruce Boston. (1985). *Educating Able Learners Programs and Promising Practices* Austin, TX University of Texas Press.

Delisle, James (Spring 2001) "The 'G' Word (Shhh!)". *Understanding Our Gifted, 13*(3): 7-8.

Finn, Chester E., Jr, and Michael J. Petrilli (eds.) (2000). *The State of State Standards 2000,* Washington, DC The Thomas B Fordham Foundation.

Galton, Francis (1892). *Hereditary Genius.* London Macmillan Available online at *www.mugu.com/gallon/index.html.*

Landrum, Mary, Carolyn Callahan, and Beverly Shaklee (eds.) (2001). *Aiming for Excellence: Annotations to the NAGC Pre-K-Grade 12 Gifted Program Standards.* Washington, DC National Association for Gifted Children.

Marland, S. (1972). *Education and the Gifted and Talented* Washington, DC. Commission of Education.

Office of Educational Research and improvement (1993). *National Excellence A Case for Developing America's Talent.* Washington, DC V S Department of Education.

Ostwald, Peter (1987). *Schumann The Inner Voices of a Musical Genius.* Boston. Northeastern University Press.

Terman, Louis M. (1947). *Mental and Physical Traits of a Thousand Gifted Children* vol 1 of *Genetic Studies of Genius.* Stanford, CA Stanford University Press.

2장

The American Association of University Women Educational Foundation (1995). *The AAUW Report How Schools Shortchange Girls.* New York Marlowe and Company

Badolato, Leigh A. (1998). "Recognizing and Meeting Special Needs of Gifted Females". *Gifted Child today* November/December, 32–37.

Baum, S. S., Owen, V., and J Dixon, J. (1991). *To Be Gifted and Learning disabled: From identification to Practical intervention Strategies.* Mansfield Center, CT: Creative Learning Press.

Brody, L. E., and Mills, C. J. (1997). "Gifted Children with Learning Disabilities: A Review of the Issues". *Journal of Learning Disabilities, 30*(3): 282–286.

Burks, B. S., Jensen, D. W., and Terman, L. (1930). *Genetic Studies of Genius: Volume 3–The Promise of Youth: Follow-up Studies of a Thousand Gifted Children.* Stanford, CA: Stanford University Press.

Ciha, Thomas, Ruth Harris, Charlotte Hoffman, and Meredith Potter (1974). "Parents as identifiers of Giftedness, ignored but Accurate". *Gifted Child Quarterly* Autumn, 191–195.

Clark, Barbara (1997). *Growing Up Gifted.* Columbus, OH: Charles E Merrill.

Cornell, D. (1989). "Child Adjustment and Parent Use of the Term 'Gifted'". *Gifted children Quarterly, 33*(2): 59–64.

Ellston, T (1993). "Gifted and Learning Disabled: A Paradox?" *Gifted Children Today, 16*(1): 17–19.

Fox, L. H., Brody, L., and Tobin, D. (1983). *Learning Disabled Gifted Children: Identification and Programming.* Austin, TX: PRO–ED, Inc.

Galbraith, Judy, and Jim Delisle (1996). *The Gifted Kids' Survival Guide: A Teen Handbook.* Minneapolis: Free Spirit Publishing.

Gardner, Howard (1984). *Frames of Mind: The Theory of Multiple Intelligences.* New York: Basic Books.

Jacobs, J. (1971). "Effectiveness of teacher and Parent identification of Gifted Children as a Function of School Level". *Psychology in the Schools, 8:* 140–142.

Karnes, M. B., and Johnson, L. J. (1991). "Gifted Handicapped". In *Handbook of Gifted* Education, 1st ed., edited by N. Colangelo and G. A. Davis. Needham Heights, MA: Allyn & Bacon, 428–437.

Kulik, J. A., and Kulik, C. L. C. "Ability Grouping and Gifted Students". *Handbook of Gtfted Education*, 1st ed., edited by N. Colangelo and G. A. Davis. Needham Heights, MA: Allyn & Bacon, 178–196.

Lerous, J. A. (1994). "A Tapestry of Values: Gifted Women Speak Out". *Gifted Education International, 9:* 167–171.

Lind, Sharon (Fall 2000). "Before Referring a Gifted Child for ADD, ADHD Evaluation". *California Gifted Association Communicator, 31*(4).

Lovecky, Deidre V. (1994). "Exceptionally Gifted Children Different Minds". *Roeper Review, 17*(2): 16–20.

_____(1999). "Gifted Children with ADHD". Handout at the 11th Annual CHADD international Conference, Washington, DC.

Office of Educational Research and improvement (1993). *National Excellence: A Case for Developing America's Talent.* Washington, DC: U.S.

Department of Education.

Renzulli, Joseph S. (1978). "What Makes Giftedness? Reexamining a Definition". *Phi Delta Kappan, 60*(3): 180–184, 261.

Silverman, Lmda (1995). "To Be Gifted or Feminine". *The Journal of Secondary Gifted Education, 6:* 141–153.

Smutny, Joan (1999). "Gifted Girls". *Understanding Our Gifted,* Winter: 9–13.

VanTassel–Baska, Joyce (1991). "Serving the Disabled Gifted through Educational Collaboration". *Journal for the Education of the Gifted, 14:* 246–266.

VanTassel–Baska, Joyce, and Bernadette Strykowski (1988). *An Identification Resource Guide on the Gifted and Talented.* Evanston, IL: Northwestern University.

3장

Adderholdt, Miriam, and Jan Goldberg (1999). *Perfectionism What's Bad About Being Too Good?* Minneapolis: Free Spirit Publishing.

Bloom, BenJamin (1985). *Developing Talent in Young People.* New York: Ballantine Books.

Delisle, Jim (1987). *Gifted Kids Speak Out.* Minneapolis: Free Spirit Publishing.

Derevensky, Jeffrey, and Elaine B. Coleman (1989). "Gifted Children's Fears". *Gifted Children Quarterly, 33*(2).

Gross, Miraca (1993). *Exceptionally Gifted Children.* New York: Routledge.

Gross, M. U. M. (1999). "Small Poppies Highly Gifted Children m the Early Years". *Roeper Review, 21*(3): 207–214.

Hollingworth, L. S. (1942). Children Above 180 IQ, *Stanford-Binet: Origin and Development.* Yonkers, NY: World Book.

Kearney, K. (1992). "Life in the Asynchronous Family". *Understanding Our Gifted, 4*(6): 1, 8–12.

Perry, Susan K. (2001) *Playing Smart The Family Guide to Enriching, Offbeat Learning Activities for Ages 4–14.* Minneapolis: Free Spirit Publishing.

Rogers, Karen, and Linda K. Silverman (1997). *A Study of 241 Extraordinarily Gifted Children.* National Association for Gifted Children 44th Annual Convention, Little Rock, AR.

4장

Ablard, K. E. (1997). "Self–perceptions and Needs as a Function of Type of Academic Ability and Gender". *Roeper Review, 20*(2): 110–115.

Adderholdt, Miriam, and Jan Goldberg (1999). *Perfectionism: What's Bad About Being Too Good?* Minneapolis Free Spirit Publishing.

Baker, J. A. (1995). "Depression and Suicidal Ideation Among Academically Talented Adolescents". *Gifted Child Quarterly, 39*(4): 218–223.

Bartell, N. P., and Reynolds, W. M. (1986). "Depression and Self–Esteem in Academically Gifted and Nongifted Children: A Comparison Study". *Journal of School Psychology, 24:* 55–61.

Cornell, D. (1989) "Child Adjustment and Parent Use of the Term 'Gifted' ". *Gifted Child Quarterly, 33*(2): 59–64.

Cross, T. L. (1996). "Examining Claims About Gifted Children and Suicide". *Gifted Child Today, 19*(1): 46–48.

Dabrowski, K. (1964). *Positive Disintegration.* Boston: Little, Brown.

_____ (1972). *Psychoneurosis Is Not an Illness.* London: Gryf.

Delisle, James (1990). "The Gifted Adolescent at Risk: Strategies and Resources for Suicide Prevention Among Gifted Youth". *Journal for the Education of the Gifted, 13*(3): 212–228.

Dixon, D. N., and Scheckel, I. R. (1996). "Gifted Adolescent Suicide: The Empirical Base". *The Journal of Secondary Gifted Education, 7*(3): 386–392.

Faber, Adele, and Elaine Mazlish (1980). *How to Talk So Kids Will Listen, and Listen So Kids Will Talk*. New York: Avon.

Feldhusen, J., et. al. (1990). "Self-Concepts of Gifted Children in Enrichment Programs". *Journal for the Education of the Gifted, 12:* 380–387.

Garner, D. (1991). "Eating Disorders in the Gifted Adolescent". *Understanding the Gifted Adolescent*. Edited by M. Bierely and J. Genshaft. New York: teachers College Press, 50–64.

Gordon, Thomas (1989). *Teaching Children Self-Discipline at Home and at School*. New York: Random House.

Hewitt, P.L., Flett, G.L., and Ediger, E. (1996). "Perfectionism and Depression: Longitudinal Assessment of a Specific Vulnerability Hypothesis". *Journal of Abnormal Psychology, 105*(2): 276–280.

Hoge, R., and McSheffrey, R. (1991). "An Investigation of Self-Concept in Gifted Children". *Exceptional Children, 57:* 238–245.

Howard-Hamilton, M., and B. A. Franks, B. A. (1995). "Gifted Adolescents Psychological Behaviors, Values, and Developmental Implications". *Roeper Review, 17*(3): 186–191.

Jackson, P. S. (1998). "Bright Star-Black Sky: A Phenomenological cat Study of Depression as a Window into the Psyche of the Gifted Adolescent". *Roeper Review, 20*(3): 215–221.

Janos, P. M., Fung, H. C., and Robinson, N. (1985). "Self-Concept, Self-Esteem, and Peer Relations Among Gifted Children Who Feel 'Different'". *Gifted Child Quarterly, 29:* 78–81.

Janos, P. M., Marwood, K. A., and Robinson, N. (1985). "Friendship Patterns in Highly Intelligent Children". *Roeper Review, 8*(1): 46–49.

Johnson, Norine G., Michael Roberts and Judith Worell, eds. (2000).

Beyond Appearance A *New Look at Adolescent Girls*. Washington, DC: American Psychological Association.

Kerr, Barbara A., and Sanford J. Cohn (2001). *Smart Boys: Talent, Manhood and the Search for Meaning. Scottsdale,* AZ: Great Potential Press, Inc.

Lind, S. (2000). "Overexcitability and the Highly Gifted Child". *California Association for the Gifted Communicator, 31*(4).

McCallister, C., Nash, W. R., and Mectstroth, E. (1996). "The Social Competence of Gifted Children: Experiments and Experience". *Roeper Review, 18*(4): 273–276.

Neihart, M. (1991). Anxiety and Depression m High Ability and Average Ability Adolescents. *Dissertation Abstracts international* (Doctoral dissertation University of Northern Colorado).

Nelscn, I. (1989). "Dabrowski's Theory of Positive Disintegration". *Advanced Development,* 1–14.

Panter, B., et al. (1995). *Creativity and Madness Psychological Studies of Art and Artists.* Burbank, CA: American institute of Medical Education.

Parker, W. (1996). "Psychological Adjustment in Mathematically Gifted Students". *Gifted Child Quarterly, 40*(3): 154–157.

Parker, W., and Mills, C. J. (1996). "The Incidence of Perfectionism in Gifted Students". *Gifted Children Quarterly, 40*(4): 194–199.

Piechowski, Michael (1991). "Emotional Development and Emotional Giftedness". *Handbook of Gifted Education*, 1st ed., edited by N. Colangelo and G. A. Davis Needham Heights, MA: Allyn & Bacon, 285–306.

Roedell, W. C. (1984). "Vulnerabilities of Highly Gifted Children". *Roeper Review, 6:* 127–130.

Roeper, Anne–Mane (1982). "How the Gifted Cope with Their Emotions". *Roeper Review, 5:* 21–23.

Silverman, Linda K., ed. (1993). *Counseling the Gifted and Talented.* Denver,

CO: Love Publishing.

Swiatek, M. A. (1995). "An Empirical investigation of the Social Coping Strategies Used by Gifted Adolescents". *Gifted Child Quarterly, 39*(3): 154–161.

Tillier, W. (1999). *A Brief Overview of Dabrowski's Theory of Positive Disintegration and Its Relevance for the Gifted.* Available online at members.shaw.ca/positivedistintegration.

Tong, J., and Yewchuk, L. (1996). "Self–Concept and Sex–Role Orientation in Gifted High School Students". *Gifted Child Quarterly, 40*(1): 15–23.

Vaughn, V. L., Feldhusen, J. F., and Asher, J.W. (1991). "Meta–analyses and Review of Research on Pull–Out Programs in Gifted Education". *Gifted Child Quarterly, 35*(2): 92–98.

Webb, Jim and Latimer, D. (1993). "ADHD and Children Who Are Gifted". *Exceptional Children, 60:* 183–185.

Webb, Jim, Elizabeth Meckstroth, and Stephanie Tolan (1995). *Guiding the Gifted Child A Practical Source for Parents and Teachers.* Scottsdale, AZ: Great Potential Press.

5장

Archambault, Francis X., et al. (1993). *Regular Classroom Practices with Gifted Students Results of a National Survey of Classroom Teachers.* (Research Monograph No 93102). Storrs, CT: The National Research Center on the Gifted and Talented (NRC/GT).

Bloom, Benjamin S., et al. (1984). *Taxonomy of Educational Objectives: Handbook of the Cognitive Domain.* New York, NY: Longman.

Burks, B. S., Jensen, D. W., and Louis Terman (1930). *The Promise of Youth: Follow-up Studies of A Thousand Gifted Children, vol 3 of*

Genetic Studies of Genius. Stanford CA: Stanford University Press.

Galbraith, Judy (1999). *The Gifted Kids' Survival Guide: For Ages 10 and Under*. Minneapolis: Free Spirit Publishing.

Galbraith, Judy, and James Delisle (1996). *The Gifted Kids' Survival Guide: A Teen Handbook*. Minneapolis: Free Spirit Publishing.

Landrum, Mary, Carolyn Callahan, and Beverly Shaklee, eds. (2001). *Aiming for Excellence: Annotations to the NAGC Pre-K-Grade 12 Gifted Program Standards*. Washington, DC: National Association for Gifted Children.

Morreale, Carol (1993). "Rights of Students". *Palatine*. IL: illinois Association for Gifted children.

Office of Educational Research and improvement (1993). National Excellence: A Case for Developing America's Talent. Washington, DC: U. S. Department of Education.

Smutny, Joan F., Sally Walker, and Elizabeth Meckstroth (1997). *Teaching Young Gifted Children in the Regular Classroom*. Minneapolis: Free Spirit Publishing.

Tomlinson, Carol Ann (1999). *The Differentiated Classroom Responding to the Needs of All Learners*. Alexandria, VA: Association for Supervision and Curriculum Development.

______ (1995). *How to Differentiate in the Mixed-Ability Classroom*. Alexandria, VA: Association for Supervision and Curriculum Development.

VanTassel-Baska, Joyce (1988). *Comprehensive Curriculum for Gifted Learners*. Needham Heights, MA: Allyn & Bacon.

Winebrenner, Susan (2001). *Teaching Gifted Kids in the Regular Classroom*. Minneapolis: Free Spirit Publishing.

6장

California Association for the Gifted (1998). *Advocacy in Action: An Advocacy Handbook for Gifted and Talented Education*. Whittier, CA: California Association for the Gifted.

Knopper, D. (1997). *Parent Education: Parents as Partners*. Boulder, CO: Open Space Communications.

_____ (1989). "Profiles and Perspectives". *Roeper Review, 11*(4).

National Association for Gifted Children (2000). *Advancing Gifted and Talented Education in Congress: An Advocacy Guide for Parents and Teachers*. Washington, DC National Association for Gifted Children.

Smutny, Joan F. (2001). *Stand Up for Your Gifted Child*. Minneapolis: Free Spirit Publishing.

Stephens, K. R. (1998). "Promoting Gifted Education A Parent's Guide to Public Relations". *Parenting for High Potential, 7*: 15.

Council of State Directors of Programs for the Gifted (1999). *The 1998–1999 State of the States Gifted and Talented Education Report*. Washington, DC: National Association for Gifted Children.

_____ (2001). State of the States Gifted and Talented Education Report, 1999–2000. Washington, DC: National Association for Gifted Children.

Webb, J. T., and Devries, A. (1998). *Gifted Parent Groups: The SENG Model*. Scottsdale, AZ: Great Potential Press.

저자 소개

Sally Yahnke Walker(Ph. D.)

영재아를 위한 영재교육을 주장하는 영재교육자이자, 영재교육 컨설턴트로 활동하고 있으며, 특히 공립학교에서 실시하고 있는 다양한 영재교육 프로그램의 개발을 위한 사전 진단연구에 참여하고 있다. 또한 학부모나 교사를 대상으로 영재교육에 대한 교육과 훈련을 실시하고 있다.

역자 소개

문수백

경북대학교 교육학과 졸업

미국 University of Alabama 대학원 교육심리 전공(교육학석사)

미국 University of Alabama 대학원 심리측정 및 평가 전공(철학박사)

Research in the Schools의 Editorial Board

현 대구가톨릭대학교 아동학과 교수

오미형

영남대학교 심리학과 졸업

대구가톨릭대학교 대학원 아동학 전공(문학석사)

경북대학교 대학원 아동가족학 전공(이학박사)

미국 Ball State University 연수

전 경운대학교 아동사회복지학부 전임강사

위덕대학교 영재교육원 연구교수

현 하모니영재교육센터 원장

이미연

계명대학교 대학원 교육학 전공(문학석사)

계명대학교 대학원 유아교육학 전공(교육학박사)

전 경산1대학 유아교육과 교수

부모와 교사를 위한
영재 아동의 이해

2012년 3월 2일 1판 1쇄 인쇄
2012년 3월 10일 1판 1쇄 발행

지은이 • Sally Yahnke Walker
옮긴이 • 문수백 · 오미형 · 이미연
펴낸이 • 김진환
펴낸곳 • (주) 학지사
121-837 서울특별시 마포구 서교동 352-29 마인드월드빌딩 5층
대표전화 • 02)330-5114 팩스 • 02)324-2345
등록번호 • 제313-2006-000265호

홈페이지 • http://www.hakjisa.co.kr
커뮤니티 • http://cafe.naver.com/hakjisa

ISBN 978-89-6330-835-7 03370

정가 13,000원

역자와의 협약으로 인지는 생략합니다.
파본은 구입처에서 교환해 드립니다.